どんな人でもたちまち強運になれる

create your own destiny

どこまでも強運

深見東州

fukami toshu

TTJ・たちばな出版

どこまでも強運になる

深見東州　直筆神符

ここは袋とじページになっています。

ここに掲載した五点の絵は、私が描いた神符です。いずれも神霊界からの波動を正確にキャッチして描いたものであり、神気が凝結した一種の神札です。

見れば見るほど、それぞれの神霊界からの強い波動を受け、大いなる功徳が授かります。

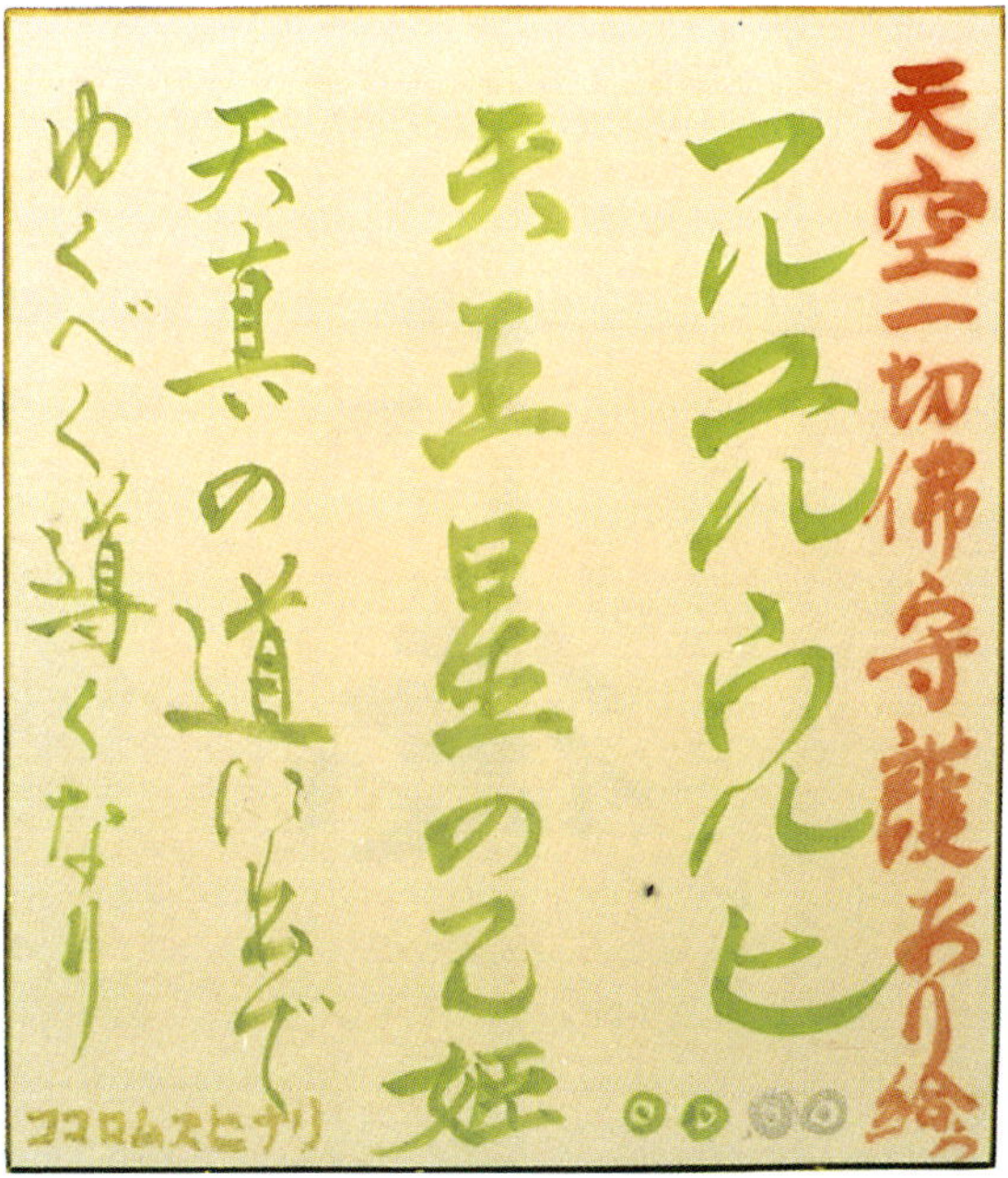

豊かな心でいつも過ごせて
知らないうちに
運が開いていく神符

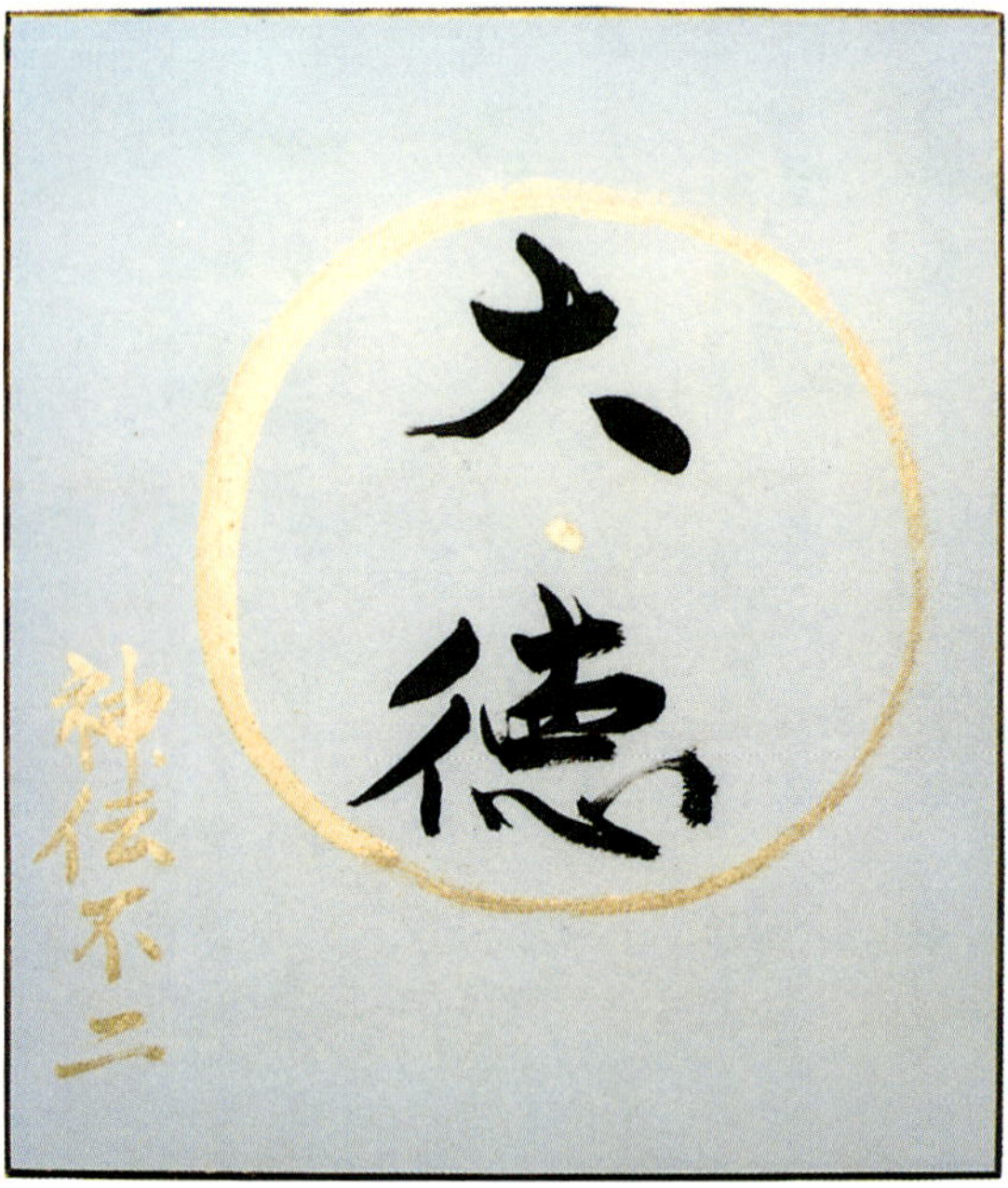

自分がしなければならない
勉強テーマが次々と浮かんできて
知らないうちにできているという神符

永遠にわきいづる
チャレンジ精神と知恵
伴いいづるの神符

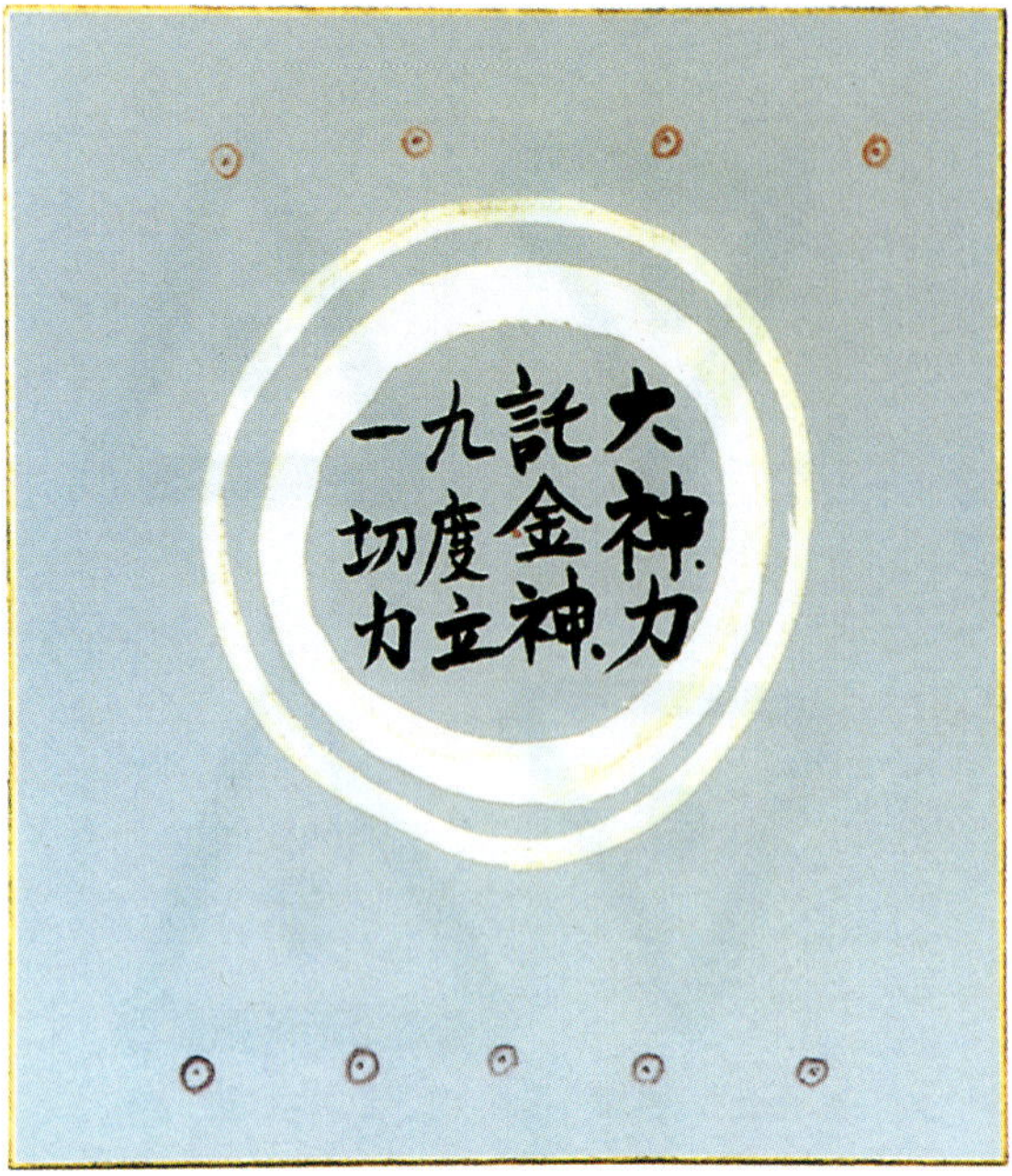

実力以上のことができる神符

悟りが100倍早くなる神符

ここは袋とじページになっています。

まえがき

「天は人に二物を与えず」といわれるが、世の中には、二物も三物も持っているようなオールマイティーな人がたくさんいる。知的でセンスが良く、仕事もよくできる上に、音楽や芸術方面の才能にも恵まれて、異性にはモテモテ……。

あなたの周りにも、こういう羨ましいような人が一人や二人はいるのではないだろうか？

かくいう私も、オールマイティー人間を目指して、講演活動や執筆のかたわら、能やバレエの舞台に立ち、オペラを歌って、バイオリンやピアノも弾く。時々、オーケストラの指揮もする。また、茶道、書、日本画、和歌、俳句なども趣味とするところである。

普通の人よりはいろいろなことをやっている方だと思う。しかし私は、自分がそれほど特別に才能ある人間だと思ったことはない。

音楽もバレエも絵もいずれも晩学で始めたことであり、こつこつと続けているうちに、ふと気がつけばいつのまにか技能が磨かれ、作品が増えていたという次第だ。

持って生まれた才能のあるなしにかかわらず、私がしているようなことは、ちょっとしたコツと法則さえつかめれば、誰にでも実現可能なことである。

本書には、あなたが、周囲が驚くような「万能の人」に限りなく近づいて、同時に運勢が急上昇し、社会で確実に成功していくためのノウハウが、さまざまな角度からあますところなく紹介されている。いずれも私の体験に基づいており、誰にでも自信をもっておすすめできるノウハウばかりだ。

本書を手に取った皆さんが、ここに書かれていることをさっそく実践し、どこまでも強運になっていただければ、著者としてこれにまさる喜びはない。

平成九年七月

深見　東州

どこまでも強運——もくじ

第2章　グングン運の良くなる神人合一読書術

第3章 学校頭をなくして強運になろう！……109

第4章 究極に運が開く神霊活用法——日本神霊界の神様たち……143

本文イラスト　アオシマ・チュウジ

第1章

恋も仕事もオールマイティー

真のオールマイティーは神様の境地

恋も仕事もオールマイティーで、何でもできたら素晴らしい。どうしたら何でもできる「万能の人」になれるかというテーマで、平成八年の東京大学の五月祭で講演を頼まれて話をした。

東大五月祭というくらいだから、聴衆の多くは東大生、企画はもちろん東大生である。東大に合格するくらいなら、少なくとも勉学ということでは並はずれた努力をしてきた人たちだ。私も教育者だからよくわかる。

その東大で、こういうテーマで話せというのだから、かなり私のことをオールマイティー人間だと買ってくれたのだろう。ありがたいことだが、お断りしておかなければならない。私はオールマイティーではない。後から書くように、せいぜいオールマイティーっぽいというくらいだ。オールマイティーというのは神様のことである。とても、肉体ある人間がそのレベルにはなれない。せいぜいマルチ・タレンテッド・パーソンだろう。

とは言っても、確かにいろいろなことをしているとは思う。五月祭で話した後も、薪能でシテ方《かた》をやったり、バレエの舞台に立ち、ピアノを弾き、絵を描く。指揮をして、オペラの舞台でオペラを歌う。やれるのがいいかどうかはともかく、いろいろやる。そういう意味でオールマイティーっぽくはあるけれど、もちろん神様の域ではない。

ということで、この章で紹介するようなことを、話させていただいたのである。

「無能無芸にしてこの道に通ず」とは？

数ページ、やや難しそうなことを書くが、少々ご辛抱いただきたい。

この道一筋という境地についての言葉に、「無能無芸にしてこの道に通ず」というのがある。江戸期の俳人、松尾芭蕉の言葉で、私の好きなフレーズだ。

「私は無能で無芸ですることがないからこの道に通じた」という意味ではない。あれもこれもではなく、目に見えない自分の道一筋に生きていくということを、芭蕉は禅的境涯に基づくこの一語で示した。そういう「無能無芸にしてこの道に通ず」という内的境地が、一つの道を極めていく最初には要る。それがあるところまで行って、内的な悟りを得たら、今度はそれをいかにして表現していくかが問題になってくる。

たとえば、白隠《はくいん》禅師という人がいた。臨済宗中興の祖といわれる方だが、この人はまさに、無能無芸にしてこの道に通ずで、内的な悟りを禅で開いた方だ。ところが悟りを開いてからは、あっちこっち横道にそれた。いや、それたのではない。その悟りの境地をいかにして民衆に伝え、救済していくか。それをテーマとし、そのために面白い書や絵を書いたり、新しい公案をつくったり、新しい踊りをつくったり、あらゆるところで民衆に身近な手段を通じて、その内的な真実を表現したのである。

芭蕉の境地と、白隠の境地。両者を比べれば共通するところもあり、生き方として違うところもある。俳句一筋だった芭蕉の、「無能無芸にしてこの道に通ず」の境地は極めて高いのであって、普通の人のなかなか及ぶところではない。だが、この世でオールマイティーということを考えるときは、さらにそれを極めた白隠のような生き方について、より考えなければならないということになる。

神道の人生を基礎にして、オールマイティーに向かおう！

心の内なる世界を、宗教的人生観をもって律するのが宗教人である。しかし、私は神道人であり、キリスト教的、仏教的人生観とは違う考え方を持っている。オールマイティーと神道とどういう関係があるんだ、と思うだろうが、まあ聞いていただきたい。

神道というのは、生活の中に生きるものを尊ぶ。生活の中に生きないことは尊くない。生成化育、進歩発展していく、そのこと自体が尊いというのが、神道の思想であり人生観なのである。その神道の人生観に基づけば、「生成化育、進歩発展していく過程、それ自体が尊い」のであって、極論すれば結果はどうでもいいこととなる。

だから私も、あまり先のことを考えず、済んだことも考えない。

これは、刹那的に生きていけばいい、というのとは違う。老荘思想では、「迎えず、送らず」という。あまり先のことを心で迎えて心配することはない。済んだことに対して、ああだったこうだったと心を送らない。只今只今に生きていくというものだ。これは神道の明るい未来に向かっての「中今《なかいま》の精神」、今の中に生きていくという精神に通じる。

これが私のフィロソフィーの一つだ。宗教観といっても、キリスト教や仏教だけが宗教ではない。神道という日本固有の生きざまがあるわけで、この精神を、私は生き方の太い心棒として持っている。

生成化育、進歩発展していくこと、それ自体が尊いというのが神道的宗教観だ。だから結果にとらわれず、私なども毎日毎日エネルギッシュにがんばれるわけだ。もちろん、結果はどうでもいいといったって、結果もいいのに越したことはないのだが……。

神道的宗教観の特徴

神道的宗教観には、このほかに「ドグマがない」という特徴がある。バイブルとかコーランのように、かくあらねばならないという教条がないのである。教典らしきものといえば、『古事記』『日本書紀』という物語や歴史があるだけだ。そのかわり、長い歴史の中で古くから伝えられてきた、私たち日本人になんとなく共通する生活習慣というか、「勘《カン》」がある。そしてこれが人生のコツだよという「コツ」。それからこうしたらいいんだよという「胆《ハラ》」。勘、コツ、胆。こういうふうなものの古来からの集大成が神道なのだ。

だから神道はいろんな宗教と結びつくことができる。仏教と融合したり、儒教と融合したり……。ごたまぜ感覚のゆえに、神道ってよくわからないと思われているところがある。しかし、いろんなものと融合して、いいところを集めていくという要素が神道にはもともとあって、それが神道のいいところなのだ。

私もそんな生き方を心がけている。いろんな要素を吸収していきながら、いいところを集めて独創的なものを生み出していく。これが実は、オールマイティーの道への基礎でもある。

〈オールマイティーへの道 第一条〉 プライドを捨てる

さて、いいものを何でも取り入れようとするという態度、これは大前提として必要である。そしていよいよ、オールマイティーになれる方法をお伝えしていこう。それを私は、四カ条にまとめた。

その第一条は、「プライドを捨てる」ということだ。これは私が講演した東大の皆さんにとっては、なかなか難しいことかもしれない。東大に入るには、意志力と頭脳と体力、そして大変な努力が要る。その競争を乗り越えてきた皆さんだ。本人がまったく意識していないとしても、ある程度のプライドがある。それはいいのだが、このプライドがあり過ぎると、恋愛も仕事もオールマイティーにはなれないのである。

わかりやすい例として、好きな女性にアプローチするときのことを考えよう。

「君、僕は君のことを、必ずしも嫌いというわけではないわけで、どちらかというと好ましく思っているわけなんだけれども、結婚してあげてもいいなぁと思ってるんだけれども、君はどうなの」

と聞いたとしよう。

「何よっ」

バチーン！　と、相手の女性に殴られるのがオチだ。これはかなり極端な例だが、小さなプライドが邪魔して恋が成就しないケースは幾つもある。

プライドを捨てないと恋愛も仕事もオールマイティーになれない、と私が断言できるのは、モテる人、モテない人、次々と恋を成就する人と次々とふられる人を、ずっと観察して分析してきたからである。この分析結果については、拙著『こんな恋愛論もある』（たちばな出版）に詳しいが、ここで角度を変えて触れてみよう。

恋を成就できる人たちに共通していえるのは、よくもそんなことが……、というような愛情の告白を、平気でできるということだ。

「僕はまだ二十一年ぐらいしか人生は送っていないけれども、いや、ほんとうに、君のような素晴らしい、エメラルドのような、ダイヤモンドのような、ルビーのような、恋心で色がわからなくなるような瞳の女性は初めてだ」

などと言う。

「えーっ」

「今までこういう人はいないか、いないか、いないかと思い続けていたんだけれど、それは君しかいない。君だ、キミじゃなければダメなんだ。卵の白身じゃダメなんだー」

「何言ってんのよ、バカ」

「とにかく君が最高だ、君が好きだ」

そういうふうに、頭を下げて「僕と結婚してください」などと言う。

歯の浮くようなことを、いくらでもぬけぬけと言って迫るのである。

「僕は、君さえよければ一緒に暮らしてもいいんだけれど……どう？」

なんて、余裕をかましたりはしない。

ぬけぬけと言われると、女性は、自分のことを誉められてうれしくないはずがない。

「そんな大げさな。私、そんな……」と言いながら、どこか大変うれしいものだ。まあ十人に声をかければ、一人か二人は必ずその気になるらしい。

嫌われたらどうしようかとか、ふられたらどうしようか、悪く思われると嫌だし……、という心理は誰にでもある。また本当に好きになったら、好きだとか言えないのもよくわかる。しかし、それじゃオールマイティーになれない。純粋で、心に描きながら成就しないという恋の道も、文学的でいいと思う。しかし、オールマイティーになろうと思うなら、まずプライドを捨てて、思ったことをそのまま、ふられてもいい、辱《はずかし》められてもいいとばかりに打ち明けるのだ。

「何よ、チビ」

「何よ、ハゲ」

と言われても、義経だって小さかったんだ。大黒様、恵比寿様も、かぶりもの取ったらハゲてるかもしれないじゃないかと、全然動じないでいいのだ。

「私はあなたみたいな無骨な人はイヤなのよ。そんな不精ひげ生やして。あなたの骨格自体がイヤ。存在そのものが許せない」

と言われても、

「許せない存在の私でも、愛は変わらない。あなたは私の骨格が嫌いだとおっしゃった

小さなプライドにこだわっていては、恋も成就しない

けれども、肉づきはいいんですよ」

「何よっ、とにかく不潔でイヤなの」

「あなたの愛で私をきれいにしてください」

「しつこいわね」

そう言われても、

「しつこいと思います。しつこいのはなぜだかわかりますか。あなたを心の底から愛しているからです」

と、もうどこまでも文学的に素直に迫りまくるのだ。そうすると女性も考える。自分の人生の中で、これだけ私のことを褒めたたえて、恥も外聞もなく真っ正面から言ってくれた人って、いただろうか……。ここまで私のことを想ってくれた人はいたんだろうか……と。この人を逃したら、もういないんじゃないか……。そう考えてしまう。そこまでいったら、やっぱり女性もその気になるのだ。そうすると、めでたく恋愛成就ということになる。

ところが多くの人はふられたらみっともないし、恥ずかしいし、ふられると嫌だなと思う。好きだからふられたくないというのはわかるが、それで黙って見守っていたんじゃ何も進まないのだ。ふられたっていい。恥ずかしい思いをしてもいい。ふられたらふられたでそれを糧にして、また明日に希望を持って生きていくんだという、プライドを捨てて屈辱感に耐えていく心があると、何でもできるものだ。誰にでもプロポーズを申し込める。ぎこちない表現でもいいし、不細工な顔をしていてもいい。自分ではうまくいかないと思っていても、そこにこう、にじみ出てくるもの、伝わってくる何かがある。それは誠意だ。誠意と熱意。それで結局、相手の心を射止めることができる。

このポイントをどこかで体得した人は、次々に恋愛を成就していっている。しかし、プライドを捨てるはじめの一歩、それが難しいようだ。

プライドは事業活動成功の邪魔

仕事をする上でも同じことだ。「プライドを捨てる」ことができるかどうかで、事業の成否が決まる。

私が所長を務めるコンサルティング会社「菱《びし》法律経済政治研究所」には、今、中小企業が一千社以上、相談にいらっしゃっている。フィランソロフィーということが最近言われているが、まず従業員を幸せにして、社会へ貢献していくというところに企業活動の慈善性を私は見出している。

さて、どんな会社にしても会社をつくるときには資金が要る。また経営していく上でも、事業を拡大するにも、反対に行き詰まったときにも、資金は要る。

それをつくるときに、大体は人に頭を下げなければいけないことになる。ところが、プライドが邪魔して頭を下げたくないと、うまく借りられない。そうすると会社はできないし、資金ぐりが立ち行かない。新たな事業も興せないのである。

これは特に、中小企業のオーナー社長には深くわかっていただけると思うが、あまりピンとこない方のために、もう少し詳しく説いてみよう。

アルビン・トフラー氏も感嘆した深見流会社設立法

アルビン・トフラー氏といえば世界的に著名な未来学者であり、経済学者でもあろう。このトフラー氏を招いて私は講演会を開き、氏と意見を交わしたので、その前後にいろいろと親しくお話をする機会があった。

私は中小企業専門のコンサルティング会社の所長で、会社経営で困っている人を助けようと思っているんですと自己紹介した。するとトフラー氏がにこにこと笑って、

「私が会社を設立したいと言ったら、あなたはどのようにコンサルティングをしてくれますか？」

と聞いたのである。私は即座に、

「ああ、それはもう簡単ですよ。まずトフラーさん、あなたの貯金を全部おろしなさい。それをまず資本にするんです」

と言った。

「その貯金が足りなかったら？」

「お父さん、お母さん、親戚縁者に、『このたび、こういう会社を設立したいと思います。私の貯金は全部おろしましたが、それでも資金が足りないので、ぜひお金を貸してください』と丁寧に頭を下げるんです。まず、お父さん、お母さん、家族、それから親戚に頭を下げてお金を借りに行くんです。その次に自分の友達に、『お金を貸してくださいませ』と頼むんです」

「なるほどね。ところで、アメリカには起業家のためにお金を貸してくれる機関がある

が、そういうところからお金を借りるのはどうだろう」

と、重ねて私に聞く。

「トフラーさん、それはもっと後に借りたらいい」

と答えた。

公的機関から借りたお金は、期日に利子をつけて返さなければいけない。しかし、親から借りたお金とか、親戚縁者から貸してもらったお金というのは、本当に困ったら、もう少し、待ってくださいよ」と頼めば済むことである。友達関係から貸してもらったお金も、返さないと友達関係は徐々に険悪になっていくかもしれないが、利子を払わなくていい場合が多い。だからまず、すぐに返さなくていいところから借りて、最初の設立資金を得て、それから公的なところから借りるべきなんだとお答えしたのである。

「ああ、なるほど。しかし、そうすると、親戚関係が険悪にならないだろうか？」

「なるでしょうね。しかし、ちゃんと成功して返してあげたら喜びますよ」

「そうだ。でも、貸してくれるかな」

「きっと貸してくれます。コツは熱意と誠意です」

プライド克服借金法

こう詳しくアドバイスできるのは、私自身、ゼロから会社を興してきた経験があるからだ。

私が会社を創業したのは、生活修業の一環として神様から降ろされたご神示《しんじ》であったからである。

私は経済学部出身であり、経営書を何冊も書いているが、いずれも実体験をもとに書いたものばかりだ。

今にして思えば、日本国民の八割がサラリーマンである現代において、一求道者《ぐどうしゃ》として一般庶民の悩み苦しみを肌で感じ、人々を救済していくためには、一経済人として、徹底的に社会の荒波にもまれる経験が必要だったのであろう。それが、会社を興すようにとご神示を降ろされた、尊い神様の大御心であったのである。

私の経験でも、友人とか親戚に「すいません」とお金を借りるのは、もう本当に恥ずかしい。顔から二～三回火を出して、眉毛なんかチリチリになるくらい恥ずかしい。

「こういう事情でございますので、お金をお貸しくださいませ」と人にお金を借りに行くときの、この恥ずかしいこと。プライドがあってはとてもできない。プライドがあったら、お金を借りに行けないという心理はよくわかるのだ。

だから、「やがて必ず、これも三倍にして返すんだ。僕は夢とロマンに生きる男だーっ」という、次元の高いプライドをどこかに持っていたらいい。

人に頭を下げて、「お金を貸してください」と言うのは、なかなかできないことだ。けれど、そこが仕事が成功するかしないか、会社が設立できるかできないかの大きな分岐点なのである。

心の中で、「きっと、この屈辱感と恥ずかしい思いをバネにして、何倍にもしてこの人に返してあげるんだ」と思って、借りに行くのである。十人に借りに行くと、一人ぐらいは貸してくれる。ということは、十人から借りようと思えば、百人に足を運べばいいということだ。百人に足を運んで、九十回断られて、ひどいことを言われることもある。白い目で見られて、水をかけられるとか、塩をかけられたりするかもしれない。

しかし、百軒歩いて十人が一人百万円ずつ貸してくれれば、一千万円が調達できる。実際には、小額ならもっと多くの人が貸してくれるはずである。逆に言うと、それだけ

次元の高いプライドを持てば、小さなプライドは捨てられる

行くことができない人は、なかなか立派には会社の経営はできないということだ。

大きな会社でなら、歯車として会社の名刺で仕事をしていくことはできるものだ。しかし、自営で独立して自分で会社をやっていこうと思ったら、まず、資金の調達で困る。そこで、一番いいのは自分の貯金だ。どう使ったって文句はない。次に親に頼みこむ。その次に親戚のおじさんからバックアップしてもらう。それだけで足りない場合は親戚縁者をずっと巡っていくのだ。

だから皆さんも、やがては独立したいと思う人は、結婚式とか法事とか葬式には、丁寧に行った方がいい。欲得ずくで行けという意味ではない。人が亡くなったら、ニヤッとして行くなんていう心はよくないが、冠婚葬祭と人間関係を大事にすることは、強い味方を固めることになると思っていいだろう。

そういうことをトフラー氏に説明したら、なるほどと感心なさった。

これはどんな経営書にも載っていないし、大きい会社にいるうちは体験できない。やはり実際にどうしていったらいいのかということは、体験した人でなければわからないことが多い。私が中小企業のアドバイスをして悩みを解決できるのは、こうした豊富な実体験があるからである。

ともあれ、初めの資金調達というのはそれだけ難しい。一人に一千万円とか何千万円出してもらうのは難しくても、五十万円や百万円ぐらいならば熱意を持って言えば、貸してくれる。

プライドをどうしても捨てられない人は、せめてプライドを半分ぐらいにしておくというやり方もある。全部捨てなくてもいいから、少しにする。仕事でも恋愛でも、どうしてもプライドが捨てられないという人は、自在性に欠けるからオールマイティーにはなれない。捨てなくてもいいから、控えめにするとか、半分引っ込めるとかすべきだ。プライドというのは、会社の設立も運営も、恋愛も邪魔することがあるものだ。オールマイティーへの道においては、これが一つの大きなネックになることを、肝に銘じてほしい。

成功する中小企業社長は頭を下げられる人だ

強い意志と頭脳と努力があれば、最高学府まで行くことはできる。しかし、さらに今度は社会に出てトップになろうと思ったら、プライドを捨てる覚悟がいる。それがなかなか捨てられない。

会社設立のときだけではなく、会社の資金繰りが苦しくなったら、銀行にお金を借りに行かなければならない。返せるならばいいが、なかなか返せなくなったときには、「すいません。ちょっと、返せないような状態で……」と謝りに行くことになる。

銀行側からは、「なぜですか」と突き上げられて、ものすごく恥ずかしい。それが耐えられないばっかりに、会社をつぶしてしまうという人もいるぐらいだ。すると従業員が路頭に迷うことになる。だから愛がある経営者ならば、従業員のために、取引先のために、お金のやり繰りが苦しくなったときには、もう本当に銀行に平身低頭真っ正面から、「すいません」「何とか返せるようにいたしますので」と誠意を持って対応しなければいけないのだ。自分が東大卒の中年で、相手が商業高校卒の若僧でも、ペコペコ、ニコニコ。

そして、なんとかお金を捻出して返済しなければ、預金や給与や通帳を仮差し押えされ、担保もそのまま取られてしまうことになる。ニコニコ、ペコペコして、それで相手が聞いてくれるかどうかはわからないが、譲歩してくれることもある。従業員や家族を守るために、いざとなったら頭を下げる。これがやれる経営者でないと事業経営はできない。

これが、一流大学を出た人はなかなかできないのだ。中小企業の場合は、高校卒業だとか、大学中退だとか、何回聞いても覚えられないような大学の夜間の中退だとか、よくわからないような人が立派な社長になっていることが多い。あまりプライドがなく、おれはこうだからというものがなく、まあ、体あたりで何かやってみようという感じで、試行錯誤しながらやっている人が多いからだ。大企業だと、ある程度プライドを持って、「負けるか」と出世競争を乗り越えていかなければいけないところもある。しかし、大企業の一部長として成功した人でも、独立自営したときには、それでは全然だめなのだ。同じ経済社会でも、大企業でやっていく場合と、中小企業で独立自営してやっていく場合とでは、まったく違う理論が動いているのだ。

世をあげて不況になっている現在では、一流大学を出ても一流企業に入れるとは限らない。偏差値の高い大学に苦労して入って苦労して出ても、優良な中小企業に就職できるだけで、良しとしなければならない時代だ。

また、中小企業なんて……と思ってもいけない。今を時めく京セラも、任天堂も、少し前までは中小企業だった。ビル・ゲイツ氏のマイクロソフトもそうだ。世界級の大企業であるホンダもソニーも、四十年さかのぼれば中小企業だったのだ。その時代に創業者、経営者が頭を下げまくってお金を都合して、人を育て、会社を育て、やがて大企業へと脱皮して成長し、ついには世界中に工場を持つ大企業になったのである。

ちょっといい大学を出たくらいで天狗になっていたら、これからの時代には、オールマイティーどころか、人並みの暮らしもできなくなる恐れもあるといえよう。

〈オールマイティーへの道 第二条〉 中途半端は素晴らしい

第二条は、「中途半端は素晴らしい」ということだ。これを信じなければいけない。

読者の中には、中途半端は良くないと思っている人が多いはずだ。しかし、中途半端が良くないと言ったら、世界中、良くないものばかりである。

友人の顔を見てもみんな中途半端だ。どんなに美人だといっても、足が短かったり、バストがなかったり、あり過ぎてヒップとバストの区別がつかなかったりする。また、スタイルは良くても性格がイマイチだったりもする。

中途半端といえばすべてが中途半端。中途半端が良くないと思っている観念は捨てた方がいい。中途半端は素晴らしいと思えば、世の中は明るい。踊りを踊っても中途半端でいい。歌を歌っても中途半端でいい。書道をやっても中途半端でいい。会社経営でも、中途半端でいい。収益さえ上がっていたら、多少ゴタゴタしていてもいいのだ。完璧な会社なんか世の中にあるだろうか。何をやるにしても、私は中途半端でいいと思っていると、心が豊かになる。ある程度以上なら、もう完璧でなくてもいいと思ってやっていると、人を許せるようになる。ただし断わっておくが、中途半端でいいというのと、何でもチャランポランでいい加減に済ますというのとは違う。

ともあれ、たとえ中途半端でもいいからさまざまなことをやる。その結果、普通の人よりもいろんなことをひとりでできると思われて、オールマイティーみたいに思われているのも、ちょっと愉快な人生ではないか。

私自身は自分がオールマイティーだなんて思っていない。本当のオールマイティーは神様だけであって、私は神人合一《しんじんごういつ》を目指しているだけだ。けれど、そのためにはいろいろなことを、中途半端でもいいからやろうと努力しているだけなのである。

同じ中途半端でも……オールマイティーと器用貧乏

中途半端な芸だから人には見せられない、という人は多い。文章一つ書くのでも、「私は人に読んでいただけるような文章は書けません」などと言って書かない。そういう人に限って、森鷗外とか寺田寅彦だとか井上靖、丸谷才一の文章はすごい、素晴らしい、ほかのはみんなだめだと言っていたりする。

まあ完璧主義者だと自分では思っているのか、それで書かない、書けない。

こういう完璧主義な人というのは、絶対にオールマイティーにはなれないのである。現実にはオールマイティーな人というのは、どれ一つとってみても中途半端なのだ。そういう目で見れば、オールマイティーとは即《すなわ》ち多面的な中途半端、ということになる。その中途半端のグレードが、一般の人々のグレードを超えたときに、「オールマイティーですね」と評価されるのだ。

中途半端のレベルだと自分では思っていても、お客さんに入場料をいただけるようになったとき、それを才能だと人は評価して、オールマイティーだと言ってくれる。誰も、お金を払ってまで行こうという気持ちにならない場合は、これを器用貧乏な人という。天と地の違いだが、しかしオールマイティーというのも、よく見れば、やっぱり素晴らしき中途半端なのである。しかし、その中途半端の一つひとつのレベルが、三百円か三千円でも、お金を出してでも買おうかな、行こうかなと人に思われるものなら、これが才能ということができるし、オールマイティーだということになる。だから、中途半端自体は悪いことではないのだ。中途半端で終わってしまうのが問題なのである。

〈オールマイティーへの道　第三条〉　途中でやめない

そこで第三条となる。

決して途中でやめないということだ。中途半端のままで終わってしまうのが、中途半端が良くないという場合なのである。一つの道五十年の人間国宝や、巨匠などに比べれば、オールマイティーといわれる人の一つの技など、やはり質は落ちるに決まっている。

しかし、その道一筋人間国宝という人は、それだけしか知らない人生なのである。

その人の好みによるものだとは思うものの、考えてみれば、どこかつまらない人生のようにも思う。しかし反面、私はオールマイティーになることが絶対にいいこととは思っていない。

「無能無芸にしてこの道に通ず」という芭蕉の言葉そのままに、俳句一筋に生きて自分の志や今生の魂を全うし、磨き切った人生を送るというならそれもいい。しかし、いろいろなものをやってみたい、オールマイティーでありたいと思うのなら、中途半端は素晴らしいことであって、決して悪いことではないと心に銘記するべきだ。

ただし中途半端でやめてしまうと、それは器用貧乏で終わってしまって、身もふたもない。だから一度始めたら、人様が「お金を出してでも行きたい」と思うレベルに達するまで、決して途中でやめないで、精進を続けるということが大事なのだ。

「どっちつかずはだめですよ」、「一つのものに絞らなくちゃ」、「二兎を追う者は一兎をも得ず」というようなことを、親や友人や学校の先生はよく言う。ほとんど世間の常識のような言われ方である。確かに、人生のある時期、一つのことに打ち込んで集中した方がいいということはある。けれども人生全体を通して考えると、それではオールマイティーへの道は消えていくのだ。

中途半端のどこが悪いんだ、と思っていいのだ。完璧なものって世の中にあるのか、

中途半端なまま続けて努力するのがオールマイティーへの道

完璧な人っているのか、と思うべきである。どこまでが中途半端で、どこからが完璧だといえるのか。どんな巨匠でも、バイオリンでも歌でも指揮でも、絵でも書でも、ビジネスでも芸術でも宗教でも、もうこれでいいということがないのが「道」というもの。皆、自分が完璧だとは思っていない。もうこれでいいとは思っていない。すなわち、どんな名人でも、第一人者でも、自分ではまだまだ中途半端だと思っているのである。芸術にしろ事業にしろ、永遠に進歩発展するものだからだ。

誰も絶対の神ではないのだから、極論すると、すべての人間のすることは皆、中途半端なものしかないのである。

だから、中途半端なままでいい。絵でも、書でも、歌でも、何でもやりたいという欲張りでいい。あれもやりたい、でもあれもしなきゃいけない、これもしなきゃいけないというふうに、どうしようかと悩んでやめたくなるときがある。それでもやめないで、「どうしていいかわからない。もう体が続かない。気持ちも続かない……」と悩んだままで、「中途半端が美しい、人間の美徳だ」、「無理せずに、休み休みしながら、じっくりと前向きに行こう」と思って続けて努力することだ。悩まない状態を理想と考えたら何もできない。

すべてを完璧にやろうと思うから悩むのであり、継続する中途半端がいいのだと思うと物事を両立させる場合の悩みのほとんどは、すぐに消えるはずである。それで、常に時間と労力と体力と費用の使い方について、何か悩んでいるのが正しいと思うのだ。悩むというのは決して悪いことではなく、人間が前向きに進歩向上しているという、神が与えた何よりの証明なのだから。

十年ギターを弾いて、プロのギタリストに

やめないでしつこくやり続けて、成功したという例を紹介しておこう。

ワールドメイトのスタッフで七澤公典さんという人がいる。彼は有名な歌謡曲の『与作』を作詞・作曲した人だ。プロのジャズギタリストでもある。彼は、慶応の法学部を出たけれど、単にサラリーマン生活をするのはつまらないからと、自分の好きな道を志した。何を目指したかというと、ギタリストだったのである。それで大学時代からギターをやり始めた。大学でギターを弾き始めるなんて遅いから、誰からも、「君は下手だねえ」と言われるくらいの腕だったわけだ。けれどその程度でも、「僕をギタリストで

使っていただけませんか」と、レストランなどにいろいろと売り込みに行った。

「君、下手だね。だけど、基礎はまあできているね。しかし、うちじゃ要らないよ」

「あ、そうですか」

ということの繰り返し。

しかし何度も行くうちに、「君、相変わらず下手だね。でも頑張ってるね」と、少し気にかけてもらえるようになり、さらに練習していったら、「あ、いいんじゃないの」と、ついに使ってもらえたのだ。

彼曰く、「いろんな友人を見ていて思うことは、十年間ギターを弾き続けている人というのは、必ずプロになっています。ＣＤが何万枚も売れて、全国縦断コンサートができるほどになるかどうかはわかりませんが、一応プロのギタリストとして、いろんなところで弾いて、お金をいただけるレベルには必ずなっています」

十年間、一生懸命ギターをやっていたら、トップのギタリストではなくても、プロのギタリストにはなれる。そうなれば器用貧乏ではない。器用金持ち、とまではいかなくとも、一つの才能を獲得したということだ。

だから、いろいろ言われながらでも、決して途中でやめないことが大切だ。もし、バラバラのものを一つひとつ三十年間精進したら、お茶の先生であり、お花の先生であり、ギタリストであり、主婦であり……となることもできる。絵も描けて、ピアノも弾けて、書もできてという、晩年になるにつれて、楽しみがどんどん増えていく幸せな生き方ができるのである。

三十年で誰でもプロレベルに

途中で精進をやめないで、これが十年たち、二十年たち、三十年たったらどうなるだろうか。週に一回の趣味でも、それを三十年やり続けたら、プロのレベルになる。〝決して途中でやめない精進〟というのは、三十年が目安と考える。書道でもお茶でもお花でも、「どっちつかずじゃないの」と言われても、「だって、中途半端は素晴らしいわあ」と言いながら、決してやめないで三十年。

結婚生活も三十年続けていくと立派な主婦であり、お茶は、大体十年やり続けると看板がもらえる。お花はもうちょっと短くて、六、七年でもらえる。そうしたら一応プロで、お弟子さんをとってお月謝ももらえるようになる。書もある程度まじめに十五年やれば、教室を開けるようになる。能も二十年コツコツと前向きに意欲をもってやれば、嘱託のプロになって月謝をもらえるようになる。ある主婦で、ゼロから始めて、週に一回コツコツとスペイン語の個人レッスンに通って、十年でスペイン大使館の通訳になった女性もいる。

私は十五歳の頃、世のため人のために生きよう、みんなを幸せにする人間であろうという志を立てた。昨年（一九九六年）で三十年が経った。しつこくしつこく続けて三十年。いろいろ言われながらも、三十年である。プライドを捨てて、決してやめないで打ち込んできたから、その中心の道が派生して、いろいろなことができるようになったと思っている。見てみればどれも皆、中途半端だ。しかし、その精進している絶対量が違うから、着実に普通のプロを越えるものになってきている。

〈オールマイティーへの道　第四条〉　良き師につく

決して途中でやめない精進三十年、とひと口に言っても、三十年は実際なかなか続かないものだ。我流でやっても、なかなかプロにはなれないもので、やっぱり「良き先生につく」ということが、オールマイティーの近道だ。これが第四条である。

いい先生について三十年やったら、本当にプロになるが、我流で、ああでもない、こうでもないとやっていては、回り道ばかりでなかなか上達しない。それで結局続かないことにもなる。やっぱり最短距離はあるものだ。その先生が免状を出してくれたり、コンクールへ出ないかとすすめてくれたりすると、最小限度のエネルギーと労力で最短距離の勉強ができるのだ。いい先生を探し、いい先生について学ぶということが何よりも大事なのだ。

経営ならもちろん経営に断トツ詳しい人、宗教のことでも宗教に断トツ詳しい人、絵だったら絵に断トツ詳しい、いい先生を探そう。どの分野でも、レベルの低い先生じゃなくて、なるべく断トツにすごい良い先生につくことだ。「巨匠」といわれる人ほど、ずばぬけた力をつけるコツを知っている。ピアニストでも指揮者でも、巨匠はその前の巨匠から教わっている。どうしたら本当にうまくなるか。どうしたら早くうまくなるのか。その最短距離のコツ、秘訣、ポイントを謹んで教わっていくという謙虚な姿勢がないと、オールマイティーにはなかなかなれない。また、それぞれのレベルで、常にやる気にさせてくれる先生も、いい先生だといえるだろう。

「先達《せんだつ》はあらまほしきものなり」

「少しのことにも先達はあらまほしきものなり」というのは、『徒然草《つれづれぐさ》』にある言葉だ。皮肉好きの兼好法師が、世間のわけ知り顔の人の間違いをピリッと風刺しているのだが、「どうのこうの言っても、ちゃんとした先生がいないとダメだよなあ」という意味で、こういう逸話を残している。

ある人が石清水《いわしみず》八幡宮に参拝に行った。帰ってきて、

「いやあ、大変素晴らしい参拝で、さすが石清水八幡宮は素晴らしかった。けれども、なんか山の上にぞろぞろ歩いていく人がいたんだな。僕は神社参拝が主だから、山の下で立派な神社にお参りして帰ってきたんだよ。みんな暇なんだな。山に登るんだから」

と言う。聞いていた人があきれて、

「あのね、石清水八幡宮というのは、山の上にあるんだよ」

とたしなめた。

あなたのお参りしたのは、石清水八幡宮にある別な神社の摂社だよ。あなたがお参り

良き師や先達についてコツを学ぶのが、マスターへの近道

したのは、本当の石清水八幡宮じゃない。山に上がって行った人が正しいんだよ、と言われて、先の人は恥をかいたという話である。

こういうことは、現代でもよくあることだ。石清水八幡は京都だが、京都は神社仏閣がたくさんあるから、千年前の人じゃなくとも銀閣寺と金閣寺を間違えて、「金閣寺ってのは、黒ずんで渋いんだな。絵葉書の絵は、ありゃ誇張だよ。実物を見なきゃわからないもんだね、ウン」なんて人だっているかもしれない。

前に正しくお参りしたことがある人と一緒に行ったら、その人も間違えなかっただろう。だから、会社の経営も、宗教的な事柄も、絵でも書でも、文章を書くにしても、「少しのことにも先達はあらまほしきものなり」で、ある程度できている人について謙虚に学んでいくべきなのだ。それを三十年間続けると、どんな人でもオールマイティーになれる。これが、恋も仕事もオールマイティーになれるという四カ条の四番目である。

〈補足〉　むなしさとの闘い

この四カ条を心に秘めて、お茶もお花も宗教もやればいい。中途半端といわれることを恐れずに、けれども中途半端で終わらないようにがんばれば、最後にはオールマイティーと評価されるようになる。

けれど、人間はそんなに強いものじゃない。理屈でわかったとしても、フッとむなしさにとらわれることがある。そこで四カ条の補足として、「むなしさとの闘い」に勝つ秘訣を教えよう。

むなしさは、ある日突然訪れる。

「お茶ができて何になるの？」といった具合だ。

三十年続けようと思っても、三カ月ぐらいでフイとそう思えてくる。書が書けたからどうだというのか？　お茶ができたからどうだというのか？　生活が忙しくて、そんなのやっていられないじゃないの？

私にも覚えがある。私は三十五歳からピアノを始めて、何年かやって中断し、また四十四歳で音大受験をするために、今度はクラシックピアノをやり始め、ようやくバッハのインベンションが弾けるくらいになったのだが、それでもレッスンしながら、ピアノなんて弾いてどうなるんだろう、という思いにとらわれることはしばしばだ。

ロシアのマイヤ・プリセツカヤさんといえば、二十世紀最大のプリマといわれ、世界のバレエ界の至宝といわれる人だ。私の創作した『天の安河《やすかわ》のうけひ』という古事記に基づくオリジナルバレエに、天照大御神として主演していただき、私も手力男命《たぢからおのみこと》として舞台で共演させていただいたご縁で、いろいろとお話をうかがう機会があった。

このレベルの人でも、やっぱりむなしさには襲われると言っておられた。四十二歳の折に、もうあと何年もたったら体が硬くなるから、今のうちに、どこまでジャンプができるかともかくチャレンジしようとなさったという。自分へのチャレンジだ。そんなことをして何になるかと、そのときやっぱり思ったとおっしゃっていた。

「そんなことをして何になるのか」というむなしさは、普通、知性と教養がある人なら必ず感じることだろう。例えば、五十センチのジャンプが一メートルまで飛べるようになったからといって、それが何になるんだ。バッタよりは確かに飛ぶかもしれないけれど、カンガルーほどじゃない。鳥はもっと飛ぶじゃないか、こんなジャンプが何になるんだ、と。

先生について一生懸命歌を習って、コンクールに出たりしても、「何になるの、そんなことして……」というむなしさが起きてくる。オールマイティーになっていこうというプロセスで、これは必ず出てくる。

これは「思い」であって、別に力づくで邪魔しにくるわけではない。けれど何度でもやってくるから、それにとらわれて途中でやめてしまう人は多い。いわば、自分の中の弱さの現れだ。

中途半端が素晴らしいとはわかっていても、そんなことにまで時間と費用と労力をかけてやる必要はないじゃないのという疑問が、普通の知性と教養がある人ならわいてくる。

オールマイティーを目指す人には、やっかいな敵だ。

到達していくプロセスこそ尊い

むなしいと思い始めたら、何だってむなしい。例えば、野球にしてもそうだ。打率がどうの、防御率がどうのと言っても、何のためにやっているのか。しょせんあれは人が勝手に決めたルールだ。ゴルフもそうだ。私もまだなかなかスコアが百を切れないでいるけれど、芝生に穴を開けて、一打で入るか、五打で入るか、パーかバーディーか、人が勝手に決めたルールに基づいてこれもやっている。何人かはプロで生活しているが、プロにならない大勢の人は、それを楽しみでやっているわけだ。サッカーもそう。将棋も囲碁も、人が勝手に決めたルールで、白いのと黒いのとどっちが陣地が大きいかと競う。

むなしいと思えば、何だってむなしい。けれども、少しでも上達すればうれしいし、楽しい。ここがポイントだ。

プロの野球選手やゴルファーなら、打率が上がり、スコアが良くなればお金がいっぱい入るようになる。しかし、プロにならない人の場合は、そうやってうまくなること自体が楽しい。なかなかうまくならない難しいものほど、進歩前進があればいよいようれしい。

人が勝手にルールを決めたゲームだとしても、とにかく到達していくプロセスが尊いのだ。前よりも上達したということに価値観と喜びを見出すのである。

やること自体に意味があるのだ

私は当年（一九九七年）四十六歳だが、この歳になってバレエをやる。指揮もやる。

能もオペラも実際に主演や準主演をして、何度も舞台に立っている。ピアノやバイオリンもやって、書や絵を描いて展覧会に出すことを目指している。世間の相場でいえば、「その歳で、そんなことして何になるの？」ということになるだろう。皆さんはそう思わないだろうか。あなたが同じ歳だとしたら、やっぱり「この歳じゃなあ……」と思われないだろうか？　この年じゃ、そんなことやってもしかたがないよ、と。

私だって、今からやって世界でトップのバレエダンサーや、ホロビッツ並みのピアニスト、ピカソ並みの画家になれると思ってやっているわけではない。

最初に書いたように、前提条件の「やること自体に意義がある」と考えるから、なんでもやっているのだ。下手でもいい。上手なものでなくてはならないと、誰も決めたわけではない。オリンピック精神と同じで、勝つことよりも参加することに意義があるのだ。ただし、やること自体に意義があるのだけれど、それは一生懸命やらなくてはだめだ。一生懸命やることを喜びとして、また進歩向上したという充実感、これがあればいいのである。

これを私は、人間の魂が向上したと考えるのだ。魂の向上というのは、瞑想してピョンと飛ぶのが魂の向上なのではない。神道では、一生懸命やっている中で魂が向上していくということに価値を見出す。

人間は、魂を向上させるために生まれてきたのである。囲碁、将棋で魂を向上させてもいい。人が勝手に決めたルールのゴルフで進歩向上させてもいいし、野球でもいいし、フィッシングでもいい。自分でルールを決めたっていい。

散髪屋さんなら何秒で髪の毛を切るか。ものすごい速度で、日本一カットが速い散髪屋を目指すとか。人間の髪の毛をいかに速く切れるかということだけに命をかけて、チャンピオンとしてテレビに一回出て終わりという人生かもしれないが、とにかく進歩向上していく。それが大事なのだ。

日に進歩することこそ尊い

人間は、何のために生まれてくるのか。健康管理は大事だが、健康になるために生まれてきたのではない。結婚も大事だが、結婚するために生まれてきたのでもない。離婚するために生まれてきたのでもない。魂が進歩向上するために生まれてきたのである。

こういう人生観を持っていると、将棋の人生、囲碁の人生、野球の人生、仕事の人生、何でもいい。何をやっていても魂が向上したという充実感の本当の意味がわかる。一生懸命やることに意義があるわけで、ああ、また充実したと自分で確認できる。

だから、何事も完璧でなくてもいいのだ。完璧でなくてはいけないなんて、誰が決めたわけでもないのに、なんとなくそれが世間の通念みたいになっている。けれど、何度も書いてきたように完璧な人なんていないのだ。どんなくだらないことでもいい、いろいろなものを、中途半端なまま、喜んで、充実して、一生懸命やることが尊いと思って楽しんでいたら、人に何と言われてもプライドが捨てられるし、中途半端は素晴らしいと思えるようになる。そうすると肩から力が抜けるから、決して途中でやめない精進を三十年続けられる。やっているうちに良き師匠について学んで、「あっ、またいいことが勉強できた」と喜びを実感できる。それは、前提となる神道的な宗教観があるからできることなのである。

「生成化育、進歩発展すること、それ自体が尊い」

これが神道の人生観だ。だから、一生懸命やって、昨日よりも今日、少し賢くなったらいいのである。今日より明日、何か一つ勉強になって、賢くなったらいい。一日少しずつでも進歩したら、そのことで十分過ぎるほど意義ある人生だ。

プロになろうと思うから、プロになれない

一日一歩の進歩なんていやだ、プロになるならやっても価値があるという人は、プロになろうと思ってがんばってみるといい。例えば、野球でプロといえばイチロー選手に野茂選手。

「よし、イチローならまだほんの二十二歳だ。三十年もやってない。僕も毎日バッティングセンターに行ってがんばるぞ！」と、一週間気合いを入れてやったとする。一カ月やる。そうして三カ月やったらどうなるか。間違いなく、むなしくなってくる。

プロになろうと思って、一日三時間もバッティングセンターに行く。もちろんお金は使う。窓口のおねえさんが、お金を払うときになぜ笑ったんだろう、とバットを振るときにふと浮かぶ。三カ月も毎日来て、下手なのね、と笑っているのか？　いいお客さんなのに……。

そうやって、肩に力が入って大振りするから、体は疲れる。ストレスはたまる。三カ月目には、お金を使うのがばかばかしくなっておしまいになる。こうやって、プロにな

ろうとするからプロになれないという、一番悪い「中途半端で終わる」パターンにはまり込んでしまうのである。

ゴルフでも、テニスでも同じだ。目指せ、ジャック・ニクラウス！（古いか？）、タイガー・ウッズ！　目指せシュテフィ・グラフ！　マルチナ・ヒンギス！

「目指すな」とはニクラウスもグラフも言わないだろう。試合を見るならお金はかかるが、目指すだけならタダである。

ただし、タダより高いものはないと昔からいうように、こういうやり方では百パーセント、プロにはなれない。世界中に十人もいないような名選手を目指したって、あまりの高みに下から目指すだけで息切れする。高山病になってしまうようなものだ。

だから、プロになろうとは思わないことだ。プロになろうと思うと、いつまでたってても「こんなんじゃプロになれない」と思うので、大変苦痛だし、ストレスがたまるだけで終わる。

「素人から離れる」よう努力する

　ではどう思えばいいのかというと、素人から離れようと思って努力すればいいのだ。プロになれなくてもいい、素人からどれだけ離れるかということでがんばる。一センチ、また素人から離れたぞ、また十センチ、素人から距離ができたぞ……と、これならがんばれるはずだ。

　そうやってどんどん素人から離れるとどうなるかというと、「素人離れした」セミプロという世界がある。素人からまた一歩離れたぞ、今日もまた離れたぞとがんばっているうちに、知らないうちにセミプロに近くなってくる。セミプロになっても、セミプロとプロの間というのがまたある。これも、まあいいやと、今日よりも明日、明日よりもあさって、一歩でも二歩でも向上したらいいんだと思ってやるうちに、ふと気がついて二十五年たったら、プロになっているのである。

　それでもトップ中のトップのプロには、なかなかなれない。それ一筋で五十年という人には勝てないにしても、己の魂を向上するためにしているんだから、プロじゃなくてもいいんだと思う。精進の目標として、素人から一歩でも二歩でも離れようと努力していたら、その道には、セミプロがあり、プロがあり、ちょっといいプロになり、かなりいいプロになり、すごいプロになり、すさまじいばかりのプロになり、驚くばかりのプロになり、みんながあっと驚くようなプロになり、文化功労賞がもらえるプロになり、国民栄誉賞やノーベル賞をもらえるようなプロになることがあるかもしれない。プロにもいろんなレベルがあるのだが、そう思わないと、途中でむなしくなって三十年は続けられないのだ。

「プロっぽくなればいい」つもりで精進する

それでは、私たちの当面の精進の目標として何を立てるのか？　とりあえず、「プロっぽく」なったらいいのだ。

ワールドメイトには、人間が目指す究極の道として神人合一《しんじんごういつ》の道が降ろされている。

これは人間が神であるかのごとくなるということだが、人が神様のレベルになるというのはそう簡単ではない。だから、神人合一っぽくなるように努力したらいいわけで、これを神人ポクイツの道と私は言っているのである。とりあえず神人ポクイツの道だ。

どんな道でも同じだ。皆さんも、プロっぽくなれるように、「っぽく」なったらいいんだと思ってがんばってもらいたい。そう思って、素人から離れる努力を精進の糧にしていくと、肩の荷がおりて、三十年続けられるのである。

好きでやっていると思えば、劣等感でやめなくてすむ

少しがんばり始めたのに、断念してしまう理由の一つに、他人への劣等感というものがある。自分よりも才能も技術もある先輩が何人もいて、その人たちがあまりにうまいので続かなくなってしまう場合だ。よくあることで、どなたもこういう経験をお持ちのはずだ。こういうときには、どうするか。

私もこうした人を何人か知っている。バレリーナになろうと思って十二年間努力して、プロでやっていこうと思ったのだが、自分よりもすごい才能がある人がいっぱいいた、と。到底この人たちにはかなわないなと思ってやめたというような人だ。それでバレエをやめて、何かほかのことをしているかというと、特に何もしていない。普通のＯＬを

プロではなく、プロっぽくなることを目指せば努力は続く

しているだけなのだ。

私だったら、やめはしない。どう思うかというと、「ほかの才能のある方はがんばられて、ぜひ一流になってください」とまず思う。

次に、「私はバレエを喜びとして、好きでやっているんです。ですから、せめて日本で三百五十番目ぐらいのバレリーナでがんばりたいと思います」と。

これは、このように発願《ほつがん》して神様にお願いするのだ。プライドを捨てているから、価値観が違う。一番にならなくても、好きでやっているんだから、やること自体が尊いんだから何もやめてしまうことはない。かえって才能のある方と一緒に共演できてうれしいなあと思えば、ＯＬをしながらでも続けられるわけだ。

誰だってうまくなりたいし、一番になりたいと思う。しかし一番になるのは一人だけである。一番になることが目的ではなく、「バレエをする」そのこと自体が尊いのだ。好きだから、「プリマって素晴らしいわねえ」とあこがれながら周りで踊っていればいい。そのうち、プリマが病気になったり、結婚したり、やめてしまうことだってある。そうしたらチャンスだ。大して才能もない、体型もよくない、体も硬いけれども、三十五年間一生懸命そのバレエ団でやっていたというような人に、プリマの座が巡ってきたりする。来ないかもしれないけれども、来る可能性はある。ずっと続けてきた人が先生になったり、バレエ団を引き継いだりすることもある。

どんなに才能があっても、トップの人が、いつまでも続くとは限らない。一番でなくてはならないというプライドがあるから、断念してしまうのであって、三番目でもいい、好きでやっているんだと思えば、上手な人に出会ってすくんでしまうこともない。

音楽家の世界も同じだ。ギタリストを目指し、ドラマーを目指し、歌手を目指していると、一緒に共演する人で到底この人には勝てないという人が必ず出てくる。そのときに、「ああ、こんなに若くて、数年しかしていないのに、この人はすごい才能だなあ」と思って、それでやめてしまったというケースは山ほどある。

どうしてやめなくてはいけないのか？

すごい才能がある人を見たら、自然にライバル意識が出てくる。一番でいたいという気持ちがあるから、断念してしまう。それならほかの道で一番になることを目指すかというと、大抵の場合はほかに何をするわけでもない。

だから、三番でもいい、五番でもいいと思って続ければいい。自分は好きでやっているんだ、魂の向上と喜びのためにやっているんだと割りきって、才能がある人は素晴らしいですねと、気にせずに続けていく。才能のある人にすれば、そういうふうに自分を思ってくれる人はうれしいから、引き立ててくれる。だから二番目ぐらいにはなれるのだ。

「これを知る者、これを楽しむ者にしかず」

「これを知る者、これを好む者にしかず。これを好む者、これを楽しむ者にしかず」という言葉が『論語』にある。「これを知っています」という程度の人は、「これが好きだ！」という人にはかなわないし、「これが好きだ！」とやっている人は、「もうこれが楽しくて楽しくてしようがない」という人にはかなわない、という意味だ。

お義理でやっている人、義務感だけでやっている人は、好きで、楽しんでやっている人にはかなわないんだよ、と孔子は二千年も前に言っているのである。深い言葉だ。

私がいろんなことを続けられるのも、まさにその通り。講演をすることや、本を書くことが、楽しいからだ。もう楽しくて楽しくてしようがない。だからバレエもオペラも能も楽しんでやっているし、好きでやっている。ただ、精進努力は怠らないでやっているつもりだ。

「子供のときからやっていなかったからダメ！」という観念は捨てよう

また、「小さいときからやってこなかったから、今からピアノをやってもしかたがない」とか、「子供の頃からスイミングクラブに行っていなかったから、今から水泳なんてやらない」という考え方が、世にまかり通っている。実際大人になってから、より向上しようとしない人には、絶好の自己肯定の口実になっている。

これも困った観念だ。確かに音楽界やスポーツ界で世界のトップに立つような人は、モーツァルトみたいに小学校に入る前からピアノを習っていたりする。サッカーのトッププロなら、四歳、五歳からボールを蹴っていたりする。しかし、全部が全部そうじゃない。マイク・タイソンなんて、青年期からボクシングを習い始めたのに、世界ヘビー級チャンピオンになった。

日本でもそうだ。辰吉丈一郎も、薬師寺保栄も、高校まで暴走族や番長を忙しくやっていて、ボクシングの道に入ったのはその後というオクテぶりだ。それでもチャンプになったではないか。

小学校に入る前からやっていないから……というのは、間違った観念でしかない。

私の知り合いの知り合いで、大学に入って初めてバイオリンをやり始めたAさんという人がいた。その彼は、大学に入るまでは普通の高校生だったのである。東大に入って、東大のオーケストラに入ったのが始まりだ。東大に入ってからバイオリンをやり始めたのである。それで初めはキーコキーコやっていたのに、東大を卒業したときに、NHK交響楽団のオーディションを受けるまでの腕前になっていた。その結果、NHK交響楽団のその年のオーディションのトップで入ったというからすごい。

だから、バイオリンは小さい頃からやっていなければできないという観念は、まったくのウソだということだ。

この話を私に教えてくれたのは、日本フィルハーモニー交響楽団のビオラ奏者なのだが、この人のお母さんがこの話を聞いて何と言ったか。

「それはAさんのご両親はよかったね、お金をかけないで……。あんたの場合は日本フィルハーモニー交響楽団へ入るまで、一体、小さい頃からどれだけの費用がかかったかね。Aさんは本当に経済的で親孝行な人だね」

と言ったという。それにしても、四年間でどうしてそこまでになれたのか。やっぱり好きだから、没入してずっとやったのだろう。好きこそものの上手なれである。

ＮＨＫ交響楽団にトップで合格したのである。十八歳からバイオリンを始めてもここまでになれるということは、世の中に幾つもある。小さい頃からやっていなかったからだめだという観念は捨てるという努力も必要だ。

大学からピアノを始めたピアノの先生

実は、私がかつてピアノを教わっていた先生の一人であるＹさんも、大学に入ってからピアノを弾き始めた人なのである。

この先生は上智大学の英文科出の人で、上智大学に入って初めてピアノを触ったという。ジャズが好きで、四年間先生について理論を勉強したあと、卒業してプロになろうと思ったら、下手くそのＹとか、プロからもぼろかすに言われたそうだ。四年間しかやっていないのだから、すごくうまくはなかったかもしれない。けれど、「下手だ、ばかだ」なんて言われながらでも、好きだから続けて、十年たったら、ブラジル音楽祭に音楽監督として招かれるまでになった。この頃にはＣＤも出している。

上智大学の英文科だから、頭も良く、理論的だ。どうすれば効率的にピアノを弾けるかをよく研究しておられる。練習をなるべくしないでうまくなる方法も考えたそうだ。何かというと、握力トレーニングと、筋力トレーニングをして、ガーンと弾くという。

小さい頃からピアノをやっていたという先生にも私は習ったけれど、やっぱりそれは、かくあらねばならない正統派の、クラシック系統のピアノの考え方で教えてくれた。だからY先生について、「あ、簡単ですよ、ピアノなんか。僕も大学へ入ってからやりましたから」と言われたときは、「えーっ」とビックリしたものだ。

大学を出たときにはみんなから、プロとしては「下手くそ、下手くそ、下手くそ」と言われ続けた人が、気にせずにやり続けて、ＣＤを出すほどの立派なプロのジャズピアニストになったのだ。

だからY先生に習ったときに、こういう人でもやれるのだから、私でもやれるんじゃないかと安心したものだ。皆さんもなるべく「こういう人でもやれるなら僕もやれる」と思える先生についた方がいい。

ウィーン・フィルのコンマスとついに共演

ウィーン・フィルのコンサートマスターといったら、世界のクラシック音楽界の頂点の演奏家に違いない。山に喩えればチョモランマか、K2か？　ベルリン・フィルのコンマスとか、ニューヨーク・フィルのコンマスとかほかにもいるけれど、間違いなく世界最高レベルの人だ。

なぜこんなにしつこく書くかというと、私は平成六年、このウィーン・フィルのコンサートマスターと一緒にバイオリンで共演をしたからだ。こう言うと、ものすごい腕前のように聞こえるし、ものすごいことのように聞こえる。確かに、貴乃花と相撲をとったとか、周富徳と炒飯を作ったとかいうよりもすごいことかもしれない。

とは言え、それほど自慢できたものではない。共演とはいってても難しいところは彼が弾いて、簡単なところだけ私が弾くのだ。向こうはプロだから、そんなのは簡単にできる。私はまだプロどころか、セミプロでさえないレベル。セミがまだ幼虫で土の中にいるくらいのレベルだ。だから、バイオリンへの愛だけで勝負する。バイオリンに対する愛だ、愛は誰にも止められないなんて言いながら弾くのだ。時々音があやしくなったところもあったけれど、そんなことは気にしない。情熱こそが尊いということで、愛のもとに弾く分には誰も止められるものじゃない。

何はともあれ、私をここまで教えてくれたバイオリンの先生は、子供の頃からバイオリンをやっていた人だ。けれども、その先生の先生という方は十七歳で初めてバイオリンを触って、十九歳でコンサートマスターになったという人なのである。音大にも行かず、独学でレッスンをして、ついにコンサートマスターになって、スタジオミュージシャンのバイオリニストとしては当時日本一になった人だそうだ。その人の話を聞いて、それなら私でもやれると思って、三十七歳からバイオリンを習い始めたのである。複雑な曲はできないが、舞台の直前には一日十八時間もとにかく弦を弾いて、ついにはウィーン・フィルのコンサートマスターとバイオリンで共演できるまでになった。

下手を上手に見せるテクニックとは？

といっても、自慢で言っているのではない。私は自分でうまいとは思っていない。大

大人になってからでも遅くない。果敢にチャレンジしよう！

した実力ではないが、難しい曲でなければ発表できるのである。自分の実力をよく分析しているから、無理はしないのだ。

バレエをやるときもそうだ。ピルエットという回転で、一回転するのに一年かかる、三回転するには三年かかるといわれる難しいテクニックがあるが、私は回転が苦手である。だから私はジャンプで勝負する。人にはジャンプしか見せない。不利なところを見せることはないのである。

運のいい人と悪い人についてはいろいろな定義があるが、運の悪い人はたまたまミスをしたときに人が見ている。たまたま良かったときには誰も見てないのだ。運のいい人は、たまたまミスしたときに誰も見ていない。たまたま良かったときにみんなが見ていて、すごいすごいとほめられる。

私の場合は、初めから得意なところしか見せないのである。ずるいようだが、見苦しいところを、わざわざ人に見てもらうことはないに決まっている。

車の運転はダメな私

例えば、私は車の運転ができない。

算数の計算も不得意だ。数学の理論は得意だが、小学校の頃に遊んでばかりいたので、算術は不得意である。今でも、電卓を何度叩いても答えが合わない。何回か検算して合った答えが正解かと思うと、同じところでミスしていたりしてアテにならない。最終的には背後霊にお願いし、どれが正しいかお聞きしてやるしかない。

だから、暗算でパッと答えが出せる人を見たら、「天才だ！」と思うのだ。だから、もう算盤《そろばん》とか計算は得意な人に全部お任せすることにしている。暗算ができるなんて君はすごい、電卓ができるなんてすごいと、お任せしている。この歳になって不得意なものは、初めから相手にしないのである。

オールマイティーというのは、何でもできるということではない。いろいろなことが幾つもできるということであって、人間はできないことがあってよい。ただし欠点は、なるべく目立たないようにしていたらいいのである。

超一流のプロになる方法

オールマイティーになるための方法をいろいろな角度からご紹介してきたが、ここでは一歩踏み込んで、超一流のプロ、プロ中のプロになるための方法について書いてみることにしよう。

プライドを捨てて（第一条）、中途半端は素晴らしいと思い（第二条）、途中でやめないで（第三条）、良き師についたら（第四条）、とにかくプロにはなれるだろう。これは間違いない。

しかし、三十年続けたからといって、プロ中のプロになれるとは限らない。

普通のプロではない、プロ中のプロ、超一流のプロになろうと思ったら、もう一つ別な要素が必要になってくる。

それは才能である。

しかし、自分に一体どんな才能があるのか、自分では見極められない場合が多い。

そこで第三者が客観的に見て、秀でていると評価してくれる分野、「あなたの長所はこれだ」と言ってくれることを素直に聞いて、その道に行った方が大成する場合が多い。

芸術や音楽の才能とは感性である。感性とは生まれながらの素質だ。

例えば、声楽なら持って生まれた声の善しあしで決まるし、女優なら顔やスタイルの善しあしが、大成するかどうかの大きな決め手になるだろう。持ち声に魅力がなくて、衣装のセンスが悪くて、顔もスタイルも十人並みという人が、歌手として一生懸命努力して声を張り上げても、なかなか超一流にはなれないだろう。

後進を育てる教師にはなれるかもしれないけれど、自らが超一流になるのは難しい。

バイオリンやピアノの場合も、小さい頃からやっている人は多いが、感性の善しあし、才能のあるなしはやはりその頃から歴然としている。

素質とはセンスである

料理の上手下手もセンスで決まる。

同じ素材を使ったお寿司でも、センスのいい料理人が作るのと、センスの悪い料理人が作るのとでは、美味しさや食べたときの感動が全然違う。

一流のプロになるための必要条件は、まず素質。そして、それが好きであり、良き師について精進努力する。素質があってそれだけのバイタリティーがあったら一流になれる。

方向転換するなら早い方がいい。

野球の長嶋一茂選手は体が硬く、スポーツ選手としての長嶋監督のすぐれたＤＮＡはあまり受け継いでいないらしい。むしろ弟の方が柔らかい優れた筋肉や反射神経を受け継いでいるらしいが、本人が「野球は好きじゃない」と言って別の道に行ってしまったそうだ。いま話題のゴルファー、タイガー・ウッズは、お父さんがその才能を見出して教育し、本人もゴルフが好きで一生懸命練習したから大成した。

ビジネスにおける才能とは、まず気が利くということ。明るくて気が利いてバイタリティーがあったら、基本的にどの職種でも成功するだろう。

だから客観的に見て長所と認められない分野は、趣味の域にとどめておいて、第三者の忠告を素直に聞いた方がいい。それが、本当の意味での「素直」ということでもある。

そして、十代、二十代や三十代のはじめまでは、才能を伸ばせるだけ伸ばす努力をする。四十代になったら、良くも悪くも確立してしまっているので、もう才能云々ということはあまり考えないで、自分が好きだと思う道を楽しんですることである。

それからでも二十年、三十年と精進努力を続けていけば、オールマイティーでプロっぽい人間には十分なれるのだから……。

三十過ぎたら欠点は直らない

ところで、不得意なものを伸ばそうと思ってもなかなか伸びないものだ。不得意なものや短所は人間誰にでもある。長所を伸ばすのは楽しいが、二十歳過ぎたら、短所はなかなか直らない。三十歳を過ぎたらもうほとんど不可能だと思ってよい。三十歳ぐらいまでは、少しは調整できるが、三十歳を過ぎたら相当な覚悟がないと直せない。では、どうしたらいいかというと、目立たないように隠したらいいのだ。欠点が外に出ないように、長所が前に出るようにする。

長所を伸ばし、短所を補うなんて簡単にいうが、現実にはほとんど不可能だ。だから長所を伸ばすのを楽しんで、短所は目立たないようにしていけばいい。若い間は短所も直るから、直すなら若いうちだ。

私は車の運転はやらないが、それは自分の短所を知っているからしないのだ。

私は、イマジネーションが特別に豊かな人間であり、果てしなく続くガードレールを見ていると、いつの間にかそれを突き破ってそのまま銀河の宇宙に飛んでいく、という強いファンタジーのイメージがあり、運転免許を取れば、大変危険なドライバーとなるに決まっているからだ。

だから、歳をとったら、短所をゴリ押しするのではなく、目立たないように隠して、地味に萎えさせるとか、枯れさせるといい。長所の方にエネルギーを向けていけば、知らないうちに短所もまた美点のうちの一つになってしまうものだ。若いときは自分の欠点を改めていくのもいいが、それを見過ぎないで、好きなことをどこまでもやって長所を伸ばした方が、エネルギーの効率がよろしい。

〈究極のオールマイティー術〉　つらい仕事を楽しみに置きかえよう

これも誰にでも当てはまることだが、好きなことは何時間でも続けられるのに、嫌々やることはすごくつらい。

私はここ十数年というもの、一週間のうちに五日間はほとんど徹夜で業務をして、移動の乗り物の中で仮眠をとるような生活をしている。五日間でトータルして五時間睡眠とか、ぐっすり眠れるときなどほとんどない。「そんなペースでよく先生、何十年もやってますね」と言う人は多い。いくらオールマイティーでも、体力が続くわけがないと言う人がいるかも知れない。しかし、私はいつもこう考えている。

体力は、確かに重要だけれど、私は小さい頃からそんなに健康で体力があったわけではない。しかし、私は意識というものが肉体に及ぼす影響に、すごく敏感な人間だから、そこで考える。ちょっと待てと。

例えば会社で「明日は決算だから、君、最後まで残業して残ってくれ」なんて言われて、十一時まで仕事をしたとしよう。そうすると、十一時までの時間が永遠の時のようにも思えて、もうストレスがたまって、やってられないと思うだろう。ところが同じ人間が、麻雀だったら徹夜でもがんばって、そのままニコニコとして会社に行く。

同じ人間がなぜこうも違うのか。ここに秘密がある。

ゴルフが好きな人は、明日ゴルフで八時半スタートというと、ニコニコとして朝四時に起きる。同じ人でありながら、なぜゴルフだったらニコニコ四時に起きて、仕事だというと九時か十時にしか来ないのか。不思議といえば不思議だが、体力とか健康とかいうものは、人間の意識と気持ちによってこれほど変わるものなのだ。そこのところを考えて、私は、これでいこう！　と悟ったのである。

「ねばならない」はやめよう、と。

何をやっても「仕事じゃない」と思うのだ。あたかもゴルフ好きな人がゴルフをし、麻雀好きな人が徹夜で麻雀をするように、私は徹夜でこれを仕上げるんだと思う。そしてやる。するとみんなも喜ぶ、自分も充実する。これは仕事じゃないんだ！　と思うと、パッと意識のカセが外れる。すると、嫌だったはずの仕事が、自分の喜びでする趣味のように、楽しく楽しく変わるのだ。

私の講演は、幸い多くの皆さんが、大変おもしろいと喜んで聞いてくださる。それは、私にとってお話をするのは神様へのご奉仕であり、趣味であり、喜びであり、楽しいからだ。だから私は深刻な話ばかりに偏らないようにしている。深刻な話を一時間ぐらいやったら、後はまた同じ時間だけ楽しい話をしないと、私の中の宇宙のバランスがとれないのだ。

そういうふうに、人間の体力とか精神力は、グッと耐え忍んで出すものとは限らない

好きなことなら徹夜もニコニコ。
いくらでもエネルギーがわいてくる

のだ。考え方を変えて取り組むと、体力とか意欲とかエネルギーはいくらでもわいてくる。もちろん限度はある。しかし、普通の人の二倍、三倍の体力や持続力は出てくるものだ。

だから何事も仕事とは思わない。あるいは、仕事というのはゲームなんだと思うのだ。人間は、魂を向上させるために生まれてきているのだから、仕事も趣味も皆、魂の向上のためだ。結果が成功しても失敗しても、一生懸命やること自体に意義があるのだ。生成化育、進歩発展していくこと自体に価値があるという人生観を持っていれば、そういうふうに仕事を楽しみに置き換えることができて、人の何倍もの体力と粘りが出せるわけだ。その意識の置き換え方を工夫していくと、睡眠が少しぐらい足りなくても、ものすごい没入力でやっていけるのである。

こうして、人より何倍もがんばれるようになれば、それだけ幾つものことがこなせるようになるはず。それだけ、普通のレベルを越えたオールマイティーな人になれるのである。これが万能の人になれる究極のポイントなのである。

第2章

グングン運の良くなる神人合一読書術

的確・正確にたくさん読書する方法とは？

勉強、とひと口に言っても、いろいろである。学校で習うことだけが勉強ではないのは当然だ。食べ物商売の人であれば、流行っているほかの店の味の秘訣を盗むこととか、より多くのお客を獲得する方法をつかむとか、実践的な技術とか知恵を得ることが勉強である。頭を使うということも、基本はそういうことだ。

ただし、頭を使うのでも正しい道と、間違った道はある。しかし、ともかく勉強の基礎的な作業として、読書をすることが挙げられる。せっかくこれだけたくさんの本が出回っている現代だ。その大量の本は、それぞれ古今東西の人々が、さんざんに努力して得た知識や見識を時間をかけて整理してくれた果実である。これを読まない手はない。

しかし、なかなか読めない、とおっしゃる人が多いのだ。

ワールドメイトの会員の方から、こういう質問をされたことがある。

「先生は、超ハードスケジュールをこなしていらっしゃるのに、講演の中味をうかがえば、古今東西の難解な古典から近年流行りの書物まで、そらんじて引用されることに驚きます。どのようにしたらそれほどの書物を読破され、的確な読解、正確な記憶を得ることができるのですか。ぜひとも知りたく存じます」と。

だいぶ私のことを高く買ってくれた質問ではあるが、確かに私は若い頃から読書はよくしてきた。そこで、私なりに体得してきた読書法を紹介していくことにしよう。

余計な知識は忘れてしまう

誰でもそうだが、興味がある本から読んでいくと、むさぼるように読める。時間を忘れるように読んで、「ほお、そうか」と思うと全部頭に入る。ここまでは皆さんもなさるはずだ。私もそうする。

それから、私はどんな本でも天津祝詞《あまつのりと》をあげて、「守護神さん、守護霊さん、わが御魂《みたま》の恩頼《ふゆ》（栄養）とならしめ給え」とお祈りして読む。すると速く読めるのだが、読んだ後にはもうすべて忘れてしまう。しかし、本当に忘れたわけではない。十八年たっても二十年たっても、必要な時になると、本の中の台詞がそのまま全部出てくるのだ。それは講演で黒板に向かったときとか、人と話すときに、そういえば十八年前に読んだ本にこういうところがあったなと、全部出てくる。

ここが肝心なところだが、こうやって十八年たっても出てくる知識というのが、本当に必要な知識なのだ。

その間、十八年間この知識はどこへ行っていたのだろう。神様に聞いたら、霊界だとおっしゃっていた。これは読まねばならないからと頭で思って、知性だけで読んだ本というのは、いわば神経に刺さってしまっている。これは痛いから、なかなか入らないし、そのうち抜けていくのだ。一方、守護霊さんとか守護神さんにお祈りして、読書も神の道を求めるご神業《しんぎょう》と思って、神様と一緒になって読んでいるとその内容は血液に入る。正しくは血液の霊界に入る。そうして読んだ内容は、必要なときにはどんどん出てきて、必要じゃないときには忘れているのだ。

膨大な知識がある人はいるけれど、ほとんどの場合、八割方は不要な知識であることが多い。いわばカスのような知識で、カス知恵でしかない。ショーペンハウアーは、「今、人々にとって大事なことは何か。余計な知識を忘れることである」と言っている。これも二十八年前に読んだ本の一節である。余計な知識を忘れるという努力がいかに大事かということだ。そういう余計な知識があるために判断力を失ってしまうのだ。いらないものをごちゃごちゃたくさん持っていると、一番大切で値打ちがあるものをなくしてしまうのと同じだ。

読書を山ほどすれば、情報はいくらでも入ってくるけれど、バイブルにもこういう話がある。

ある種がまかれた。その種は、砂漠ではすぐに枯れてしまうし、コンクリートや石垣にまかれるとそれも枯れてしまう。幾つか飛び散った同じ種だが、地味肥沃な地面に落ちたるものは、すくすくと大きくなって、何倍もの大きさになり、実りがあると。

優れた咀嚼力や感性を持っている人に、一つの知識、情報が入ったら、その人は何倍にもそれを発展、応用することができる。しかし、知識は入っても、石の上に落ちた種は枯れ、砂漠の上に落ちたのは実がならないのと同じで、何にもならない。情報も書物も世に氾濫しているが、それをどう活用し、どう実らせるかというのは、読んだ人の中身次第ということになる。では、その中身はどう養えばよいのか。

吸収力は、まず興味や関心を強く持つところから始まる。また、得たものをつなげていく連想力やインスピレーション。これらは霊界から来る（それを得る方法は別の機会に譲りたいと思う）。また、得た知識を実行する能力があれば、知識を知識として置いておくだけでなく、さらにそれを体現し、自分のオリジナルなものとして打ち出せるようになる。

すぐに誰でもそうなれるわけではないのだろうが、まずは強い興味と関心を持って読めば、ともかく知識を自分のものにできる。ただし、読んだものでも余計なことはさっさと忘れることも重要だ。

寸暇を惜しんでする読書法

私も昔は一日一冊本を読んでいたが、今はもう冊数は少なくとも質のいい本を選んで読む。四書五経や、禅語録の良いものなどは、一行読むだけで脳味噌がスパークする感じがする。だから電車で動くときとか、トイレに入るときとか、どこか旅に行くときなどに、一ページ、二ページとジックリ読む。こんな本を読み終わると、得たものは一・五倍ぐらいに増えている。

忙しくなればなるほど、時間がたっぷり取れないから、短い時間でも本を読めるように持っていく。『千載和歌集』や『古今集』などの歌集を読むのは、一首で完結してい

興味と関心を持って読めば、知識を自分のものにできる

るから短い時間で区切れて都合がいい。禅語録でもそうだ。短歌とか漢詩とか語録はこうやってジックリと、折り目をつけながら読んで血液に入れていく。小説を少しずつ読むと途中でストーリーが切れてしまうが、こういう少しずつ切ってもさしさわりなく、一ページか二ページで区切りのいいものを、絶えず何冊もカバンに忍ばせておいて、一ページ読んで折り目、また一ページ読んで折り目。そうして、半年、一年たったら一冊読み終える。本当に優れた本は、このペースでいい。

四書五経などは、本当に中身が濃いからザーッと読める本じゃない。しかし、それは一ページずつ、二ページずつ、根気よく根気よく読んで、折り目を入れて、なるべく手垢をこすりつけたりして、思い出を残していく。そうすると、一ページ終わると、何か手垢でプーンと匂ってきて、青春の思い出がここにありという感じになる。そういう本を積んでいくのだ。

『論語』とか『老子』、『大学』、『中庸』など、そういうレベルの高い難しい本を詳しく勉強していこうと思ったら、こうやって読んでいくのだ。これなら、忙しいときでも、密度の濃い専門書でも読んでいける。一気に読もうとするからできないのだ。半年、一年がかりで読めばいい。『趙州録《じょうしゅうろく》』などは、私は実際に一年かけて読んだものだ。一年で完読したけれど、やはり一ページか二ページずつ、こうやって楽しみながら折り目を入れて読んでいったのである。

忙しいから本が読めないとか、特に難しい本は読めないと思っている人は、こういう本の読み方をしてみたらいいと思う。ただし、強い関心を持っている本から始めることだ。最初から、ただ難しい本をというのは無理なことで、正しい読書法で忙しいときでも本が読めるようになっていけば、自ずと内容の深い書物にたどりつくということだ。

興味がある本だったら寝ないでも読める。吉川英治の本なんて、おもしろくて、もうのめり込んでいく。のめり込んでいく本の方が、やっぱり一冊としては読みやすい。それもすべて、先に書いたように神様とともに読む。私は速読などはしないが、そうやって読んだ本の冊数が知らないうちに増えてきた。それも高校生以降の話で、それまでは、とんぼをとったり、こうもりをとったり、魚をとったりしていた。私にとっては、こうもりや魚やとんぼが本になっただけだ。あまり小さい頃から読書読書という人間ではなくて、イマジネーションとか感覚とか行動力の方が先に発達した人間だったから、あとから知識が入っても、その応用力が、勉強勉強ばかりできた人よりはあるのかもしれない。

本に聞いて要点を教えてもらう

神様が教えてくださった読書法に、もう一つ大事なポイントがある。奇抜だと思われるかもしれないが、「本に聞く」というものだ。

正確な読解力というのは、もちろん積み重ねも必要だけれど、何よりも本に聞くのが一番だ。本にはそれぞれ著者の霊が宿っているから、その霊に聞く。まず祝詞をあげて、「本様……」と祈るのだ。どうぞあなたの本当に一番いいところを教えてください、言いたいことを教えてくださ い、と聞くのである。

伝教大師に教えてもらって読む

私の場合は、例えば日蓮上人の御遺文《ごゆいぶみ》を全部読もうと思って、買ってきたことがある。日蓮上人にお願いして聞いたけれど、そのときは日蓮上人は出てこないで、なぜか伝教大師最澄の霊が出ていらっしゃった。伝教大師最澄は、二種類の格好で出てくる。上が全部白装束のお姿で優しい顔で微笑んでいらっしゃる場合と、ブルーと紫の衣装をお召しの、きれいな威厳のある格好でいらっしゃる場合と二種類でお出ましになるのだ。救済のときは白だが、伝教に関することなら紫の衣装なのかもしれない。

そのときには「『開目鈔《かいもくしょう》』を読め」とおっしゃった。日蓮宗の専門書でも、『開目鈔』と『観心本尊抄《かんじんほんぞんしょう》』が大事なのだが、『開目鈔』を読めというので、私は『開目鈔』のところだけを読んだ。それで、なるほどこういうことかとわかって、次に『本尊抄』を読もうと思ったら、今度は「もうそれ以上読むな。それ以上読んだらわからなくなる。ここだけ読めば十分だ」とおっしゃった。それで、ああなるほど、私にとってはそれがわかればいいのかと納得したのである。

読むのは著者に聞いたことを確認するため

このように、私は著者の霊にこれとこれとこれを勉強せよと言われると、本にお祈りをして結論をまず聞くのである。神様なりその霊から直接にである。そして確認のために本を読むのだ。本を読んで理解するなどというのはまどろっこしい。書いた本人が、何を言いたくて書いた本なのか一番知っているはずだから、本人に聞くのが一番確実だ。それから、確認の意味で後から活字を読んで知識とする。ポイントがあらかじめわかっているのだから、理解は確実だし、早い。これは、一般の人でも半信半疑でもいいからその気になって読めば、ある程度実行可能なことである。

これが、私流の読書法のコツの第二番目だ。しかし、推理小説を読むのにこのやり方をすると、犯人が先にわかってしまって、さぞかしつまらないだろうと思うが……。

読解力は神様からもらう

それでは、神様とか筆者の霊は、どのように教えてくださるか。「こうなって、ああなって、こうなるから、こうなのだ」と、一般にいろいろ言葉で教えてくれるわけではない。

第三番目になるが、霊が教えてくれる正確な読解というのは、点で出てくるのだ。ポン、ポン、ポンと知識がバラバラに出てくる。それがパッと立体的な絵になって、一つのコンセプトが出てくるのである。それは瞬間にバッと神様が教えてくださるのだ。

これは一般の人には、少しわかりにくいかもしれない。論理とか分別《ふんべつ》で、頭を使ってできることと、そういう頭ではできないことがあるということを、ここで知っていただきたい。

世の中には、論理の世界が絶対だと思っている人が多いから、少し説明しよう。

英語でいうと、ロジカルの逆はイロジカルということになる。つまり「論理的」の逆は、「非論理的」だが、対立する両者のその前に、プレロジカルの世界というのがある。いわば私はプレロジカルの世界、論理以前の世界にいるわけで、プレロジカルの世界からは、あるときはロジカルに、あるときにはイロジカルにと使い分けができるし、いろんなことができるのである。だから、本でも講義でも、論理明快に分別の智を極めるときと、論理の世界や分別智を越えた禅的問答や接心を行うときがある。

プレロジカルの境地で読む

読書だけではない。例えば和歌を詠むとき、誰かが「あ」とか「い」とか指定してくだされば、私はその人にふさわしいアドバイスとなるものを、その文字から始まる和歌や道歌を瞬間に詠むことで行っている。数秒で一首の計算だ。こんなことはいくら頭を使ってもできない。論理ではない世界、つまりプレロジカルな霊智によって、連続百首でも二百首でも詠むことができる。これに加えて神様からの力や応援があるから、千変万化に応用して、尻とりからでも、名前を詠み込んでつくることも瞬時にできる。これを和歌接心と呼んでいる。

こういうことをいつもやっているから、私は読解力も自分のものではないと思っている。神様や守護霊から来るものだと思って、「神様、読解力をください」と言うと、神様や守護霊が読解力を上からくださる。それを自分の霊智が瞬間に受け取って、ぱっとまとまった認識となってわかるのである。

別に私だけができることではない。よほど深い読解力を持つ人とか、独自な見解を持つ人は、それぞれ普通の知識や普通の頭で生きているのではない。インスピレーション、すなわち神なる存在とか守護霊から来るものを受けている。もちろん、その基礎力は自分で学ばねばならないが、その優れた見解はこの世のものではない。守護神とか守護霊とか霊界から来るインターネットの画像や情報群のようなものなのだ。

神様からコンセプトをいただけるようになれば、読書における読解力は抜群になる。

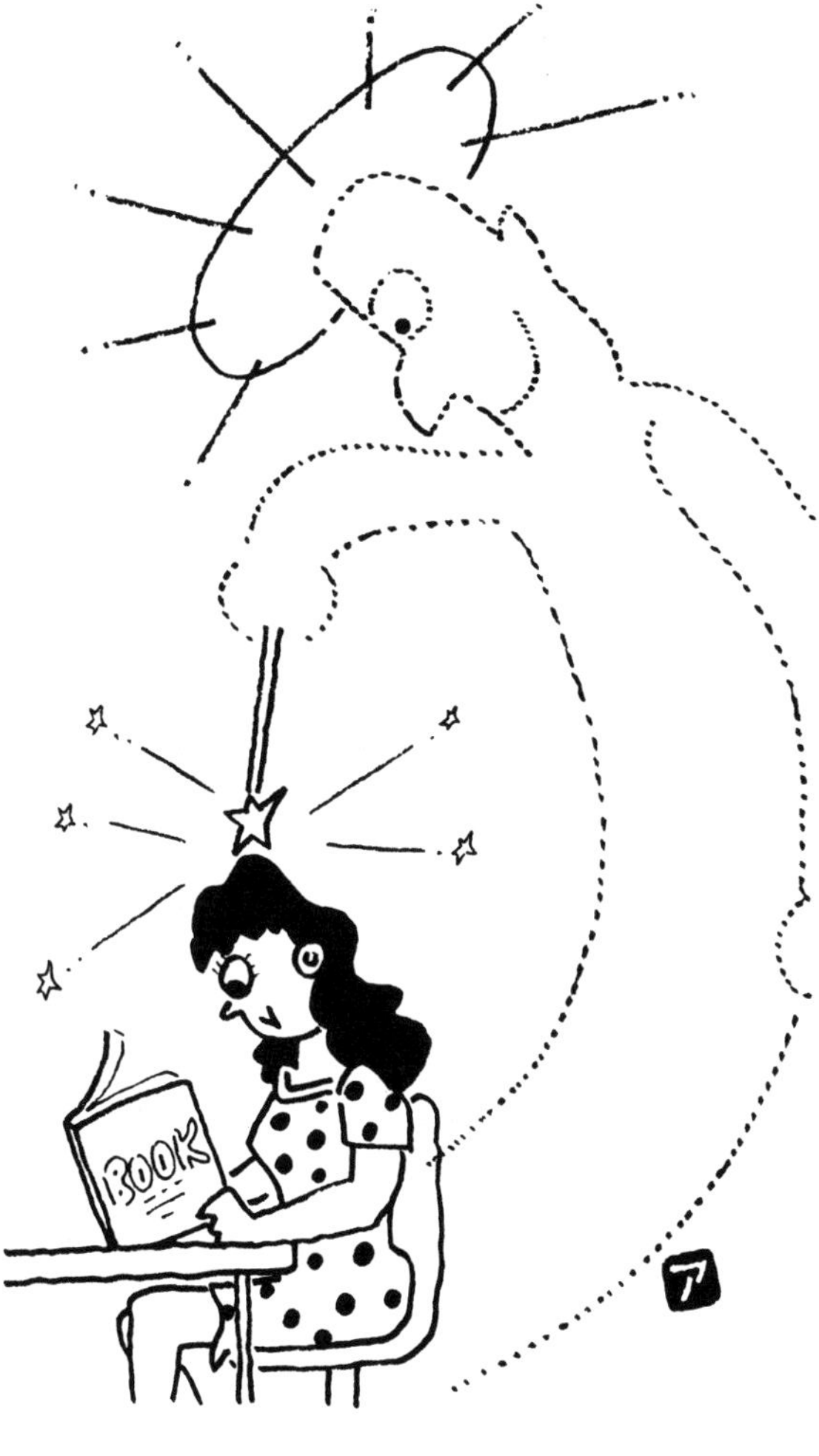

神様と一緒に読書すれば、読解力が抜群に！

すぐ誰にでもできるとは限らないが、そういうものだということを知っておいていただきたい。プレロジカル・ワールドに自分を開いているというのが、コツだ。そのためには、まず真摯に本に向かってお祈りすることから始めるべきだろう。

読書は自分の考えをつくるヒント――本に線を引く前に

読書とは、読解しなければならないものだと思っている人は多いものだ。筆者が言いたいことをつかむための読書だ、というわけだ。そういう人は読書をしながら、著者の言いたいことに線を引いたりしている。私に言わせると、なぜ著者が言いたいところに線を引く必要があるんだ、ということになる。自分が興味があって、おもしろいところに線を引いたっていいのである。しかし実際は、本は読解しなければならないものだと思っている人が多くて、そういうまじめな優等生は、この本は何が書かれているのか、この本の言いたいことは何かというふうにいつも考える。だから、その本の大事な要点となるところに線を引いているのである。確かにそうすれば、本の言いたいことはわかるかもしれない。

しかし、読書は自分の独自なものの考え方、個性的な考え方、自分の主張、自分なりの見解をつくっていくためのヒントでしかない。どんなに本を読解できても、自分の考え方ができなければ意味はないわけだ。だから、自分の考え方ができる一つのヒントになる箇所に線を引けばいい。その本の一番言いたいポイントでなくたっていい。まったく横道にそれたところでもいいのだ。本筋と関係ないようなところにも、私はいっぱい線を引いて読む。その本の一番言いたくないようなところとか、ここは言いたくないことだがというところに線を引くこともよくある。

大体どんな本でも、言いたいことは五行か六行にまとめられるものだ。二行でもまとめられる。だから小説の場合は特に、この小説は何が言いたいかなんて考えたら、馬鹿ばかしくて読めるものではない。小説は、文体そのもの、表現そのものが真実であり、著者そのものの息吹であり、著者の全人生なのだと思い、それが良ければいいのだ。私は泉《いずみ》鏡花《きょうか》が好きだ。あの不思議な文章を読んでいると、知らないうちに違う世界へ行けるからである。人それぞれの好みなのだろうが、石川達三なんて読むだけで腹が立っていけない。大江健三郎も、現実を見るとはいうけれど、現実の問題などいっぱい見ているのに、わざわざ本を読んで悩みたいとは思わない。どうしても、私は文章を見ると、文字の霊、すなわち著者のそのときの境涯や魂のいる状態が透けて見え、敏感に感じてしまうのだ。その点、泉鏡花の作品は『日本霊異記《にほんりょういき》』の小説版のようで好きだ。

私の日常行っている読書術は、大体こういうものだ。読書は修業としても大事なことだが、数多く読むだけではしようがない。その中から、自分のヒントになるようなことをきちんとつかみとること、あとは忘れることが最大のポイントだと思う。

また、人間は忙しくて本を読めないということはない。誰にも経験があると思うが、期末試験など何かほかにしなければならないときにこそ、本も読みたくなるものだ。そういうときは実際によく読める。

それは、試験中は本の世界に逃避したくなるからなのだろうが、それだけではあるまい。やはり、脳が一生懸命働いているからだろう。本が読めないというのは、忙しいからではなくて、その人の頭が暇だからだと考えてよい。

さて、前置きはこのくらいにして、次は実際にどういう本をどう読んだらいいかを紹介していくことにしよう。

春夏秋冬──神気を知る

俗に「読書の秋」というが、読書に一番向いている季節というものはいつだろうか。もちろん、年中読めばいいのだが、神様のお知恵を分けてもらって読書力を高めるには、それぞれの季節によって移る神気を知っておくべきだ。それぞれの季節に顕現する気の意味を書いておこう。

まず春だが、これは木火土金水《もっかどこんすい》の五行説《ごぎょうせつ》でいうところの木《もく》の気が動く季節である。いろいろと樹木が生成してくる春の働きは何かというと「生《せい》」、「生まれる」なのだ。だから、春になると何だかやる気に満ちてきて、女性も男性も何となくうれしくなる季節である。

夏は火の気が立ってくる。夏が暑くなるのもこれと符合している。そして夏の働きは「長《ちょう》」、「長ずる」である。春に芽吹いた樹木が、夏になって大きく生い茂るわけである。

それから、秋になると金《かね》の気が起きてくる。金気が騒ぐので何となく心の中に金属的なそよ風が吹いて、「はー、夏に出会ったあの人とも別れてしまった。さぞかし今頃は私より美しい人と……」なんて言いながら、失恋の痛手に心をしびれさせて、はらはらと涙を流す。あるいはまた、訳もなく文学に心を傾けたりする。これはみんな金の気が動くからなのだ。

そのように、秋は長じたものが落ちていく季節であるわけだが、同時に秋は実りの季節でもある。つまり収穫の時でもあるのだ。だから、秋の働きは「収《しゅう》」だといえる。

そして、冬になると水気が動く。だから氷が張るし、雪が降る。この冬の水気を天水《てんすい》という。天水、すなわち冬の気というのは要するに悟りの気で、悟りの知恵を意味する。

この冬の働きは何かというと「蔵《ぞう》」だ。世に隠れたところで、天地の気を蔵するわけである。樹木は葉を散らして、もう実も落ちた。ただただ木枯らしがビュービュー吹きすさぶ中で、樹木が必死に耐えている。幹だけになってしまったけれど、根の方ではエネルギーを蔵している。蔵して蔵して、そしてまた春が巡ってきたら新しい若葉が芽吹いてくる。

冬はエネルギーを蔵する時期だ。

木火土金水に当てはめると、春は木、夏は火、秋は金、冬は水になる。では、土はどこにあるのかというと、各季節の中間にあるわけで、季節の変わり目を土用《どよう》という。このように、季節に木火土金水が全部揃っているわけだ。これをまとめると、次のようになる。

春――木（生）
　土
夏――火（長）
　土
秋――金（収）
　土
冬――水（蔵）
　土

そういうことで、冬になると水気が動き、悟りの知恵が動く。この時期を私たちは「冬神業《しんぎょう》の時期」と呼んでいる。いちばん木枯らしが吹いて天の気も冴えている、二月の節分から三月の初めぐらいまでの間に、私たちは目に見えない魂の教育を神様から受ける。無形の世界で魂に天の教えやエネルギーを蔵するわけだ。まだ活動や形ある世界に出ていくのではなく、無形の魂の世界を勉強する。それが天の機《とき》に合い、天の道に合っているわけである。

冬は蔵する働きがあるので、この時期に魂を鍛えていこう、勉強し読書しようと心がけ、そうやって厳しい冬を越えると、春には本当の良き芽が出てくるのだ。

一陽来復《いちようらいふく》

ところで、本当の春というのは、実は十二月二十三日頃の冬至から始まっている。易の卦《け》には「爻《こう》」というものが上（乾《けん》）に三本、下（坤《こん》）に三本ある。その六本の爻で占うのだが、乾も坤もすべて陽になったときが夏至、つまり六月の二十三日頃で一年で一番日が長いときだ。それに対して、爻が乾も坤も全部陰になったとき、これが冬至である。

そして、全部陰になった次の瞬間、坤の爻に突如としてパッと陽が出てくる。これが一陽であり、陰が極まったところに一陽が出てくることを一陽来復という。陽はまだ形には出ていない。出てはいないけれど、無形の世界では一陽の気がパッと出ている。「陰極まりて陽」というのはこのことだ。

形に出てはいないけれど、無形の世界では陽が始まっている。つまり冬至のそのとき、陰が極まったときから、実はもう春が始まっているのである。無形の世界の中では、すでに春が訪れているのだ。

だから、その一陽を大切に大切に育てていかなければならない。私たちが不幸と災いのどん底の世界で苦しんでいても、無形の世界、先天の世界ではもう幸せの兆《きざし》の陽が始まっている。来復した一陽を大切にして、やがて形のある春が来るまでがんばろうじゃないか、ということが「一陽来復」の教えだ。冬の一番厳しいときに、春が始まっている。冬至の一番寒いときに春の始まりの陽が出てきて、やがて地面の上に春が訪れる。四月、五月になれば、形に見える春がやってくる。「木」とか「生」の働きを持つ春が巡ってくるので、それまでの冬の間に、天地の生命のエネルギーを蔵したり、胎したりするわけである。

「一陽来復」。このことに示されているものは、いろいろと適用できる。例えば、忙しすぎて読書ができないのか？　それならもっと忙しくする。そうすれば、忙殺の日々の中で、知性が枯渇しそうな魂の叫びがあり、無性に本が読みたくなってくる。そして、寸暇を惜しまなければ読書はできないのだと悟って、そうするようになる。陰を極めたところに陽が出てくる。冬至の厳冬に、形のない春の陽が現れるのと同じことだ。

そして、もちろん読書、勉強には冬が一番向いている。これは『易経』の教えにもある自然の理なのだ。そうして蔵された無形のものは、やがて時が移れば形に化《か》するものである。つまり、目に見える成果となって表れるのだ。

この章の前半で、神人合一読書術のあらましを説明したが、これを体得するにも冬はチャンスである。

この冬神業の期間、特に節分から二月二十八日までの徐々に神気が濃くなっていく一カ月間というのは、天界が開いて地上とのパイプが太くなってくるからだ。一年にたった一度だけの大きなチャンスだ。特に二月二十一日から二十七日までは、非常に神気充実した大切なときである。

読書をしていればいいというものではないが、神気が特に強まっているときに、先人が書き残した真実の学識を得ようとがんばっていれば、神様は応援してくださる。だから、『易経』や日蓮上人の『立正安国論《りっしょうあんこくろん》』などを読みながら、どうしてもわからなくな

読書に一番向いている季節は、蔵する働きのある〝冬〟

ったときに、「神様、これはどういう意味なのですか?」と聞くと、フッとわかったりする。

というわけで、二月二十一日からが一番のチャンスだが、形にならない陽が訪れる冬至から以降も、「読書の冬」といえそうだ。もちろん冬に限らず、どんな季節でも神様は応援されている。大いに励んでいただきたい。

第3章

学校頭をなくして強運になろう！

学校頭のメリットとは？

この章では、実践的で創造的、加えて運が良くなる頭の使い方についてお話ししていこう。

まず、「学校頭」というのがある。

私は、四千人近い生徒を抱える、予備校の経営に携わってきた経験があるからよくわかる。教育家はしっかり勉強させるのが仕事だが、学校の勉強では提出された問題に対して、制限時間の枠内で、百パーセントに限りなく近く、相手が望むような答えを書ける人が優秀だ。ペーパーの上でこれが表現できないといけない。成績が優秀な人というのは、制限時間内で要領よく、相手が言わんとすることを理解して、ぱっと答えを出す人のことである。これに熟達する人が、いい大学に通るわけだ。優秀な学校を出た人のいいところは、そういう意味で、手際よく活字に書ける要約力と、ある程度の読解力があることだ。

また、優秀な大学を出た人は意志力がある。一年あるいは二年の間に所定の問題を解いて、実力をつけて、その中で合格ラインまで達しなければ通らないから、少なくとも、これをやろうという意志力はある。それから、勉強しようと思っていたときに、風邪を引くとか、あるいは家業が傾くとかそういう不運な状態でなく、健康で健やかに受験もできて、ある程度の学資もあったのだから、ある程度の運気は約束されている。それをできない人もいっぱいいるのだ。要領よく活字に書ける力、文章を書ける力、活字を読む力、読解する力、そして運気、それらはいい。

それから、ちゃんとした学校を出た人は三種類の能力を訓練されている。一つは、専門書を読むということ。普通の人だとすらすらと読めないような本だ。それを読んでおかないと点数がもらえず、卒業できないので、少なくとも専門書というものになじんでいる。つまり難しいものも読むという読解力を持っている。

その次に要約力だ。大学の試験は、何々について書きなさい、何々について述べよというふうに出題される。だから制限時間内に、自分の言わんとすることを要領よく文章でまとめるという要約力がある。

三番目は、四年間（短期大学は二年間）、いろんなところから来る人たちと、ゼミとかクラブで話をする機会に恵まれること。人にはいろんな人生観があって、いろんな考え方があるわけで、いろいろディスカッションとか話をする中で、自分は正しいかもしれない、しかし正しいのは自分だけじゃない、ほかの人も正しい場合があるということを知る。お互いにこれが正しいと信じて討論を交わし、話をするわけだが、「なるほど、そういう考え方もあるのか」とわかるようになる。

こういう経験をしていないと、自分の考えとか、自分の意見だけを言い張るような人物になってしまう。

これを『論語』では「思いて学ばざれば、すなわち危うし」という。いろいろ思うけれども、たくさんの人の考え方とか生きざまを学ばなければ、独善に陥る危険があるということだ。これはやはり、教養がないということである。教養と学問が足りない。少なくとも学校へ行っている間、たくさんの人と話をして、いろんな人の考え方があるということがわかった上で自分の意見を言うと、その人の説は説得力を持つものだ。これが、学校を出なかった人と比べてみて、ちゃんと勉強をして学校を出た人が客観的に優れているところだ。

また、十人、二十人の小さなグループの中でなら、会話や話し合いで事が決まる。しかし、百人、二百人といった大きな組織になると、それが株式会社であろうと、社団法人であろうと、財団法人であろうと、宗教法人であろうと、学校法人であろうと、どんな組織でも、毎回いちいち口頭で必要な情報を伝達することはできない。当然、書類で物事を処理することになる。そのときに稟議書が書けるかどうか。仕事をしても、銀行さんからお金を借りようと思えば、事業計画書を出さなければいけない。

「おじさん、お金貸して。返すから、お願い」

なんて小学生の作文みたいなことを書いても、先行き不安だということで、銀行も貸してくれないだろう。大勢の人を相手にしようと思えば、社会では論述力や要約力が要るのである。これらが学校頭の良いところだ。

学校頭では、自分で動けない「指示待ち」止まり

ちゃんとした学校を出た人で、学校の成績が優秀だった人というのは、少なくとも読解力があり、文章もある程度書けるし、意志力もある。しかしそれは、与えられた問題に対して、制限時間内に九分九厘に近いかたちで答えていくという能力でしかない。ところが社会に出たら、そういった意味での問題が与えられない場合が多い。相手から来

たものには答えを返していくけれど、来ない場合にはどうしていいかわからないわけで、

「どうしましょうか」

「自分で考えろ」

「うーん、考えました」

「やってみろ」

「どうしますか」

「やってみろ」

と、指示されないと動けない。学校頭、勉強頭だと学校で勉強している分にはいいのだが、人から指示されないと動けない。気が利かない。状況判断ができない。頭で先に考える。


ところが、神様の道というのは、体験、体得が中心だ。体験、体得じゃないものは観念でしかなく、頭で勉強しているだけで、頭の中で神様をわかっているだけだ。神を行じてごらん、神なる生きざまをしてごらん、人々を感動させるような生きざまや言葉を言ってごらんと言われた場合、台詞や知識があるだけでなく、胸の高まりとか、感覚とか、感性とか、行動、足跡というもので表現する。世の中というのは、絶えず向こうか

自分から行動、体得の人となろう

ら問題が来て答えるという程度の能力では、通用しないことの方が多い。自分の考え、自分の行動で実践をしてきた人、学校を出ていなくても体でぶつかっていく、どんどんやっていくという人の方が、かえって社会で役に立つ場合が多いのである。

学校頭ではだめだ、学校頭をなくそうというのは、こういうわけなのである。指示がなければ何もできないという人ではなく、自分からぶち当たる人、一つの仕事が終わったら自分で仕事を探せる人にならないといけないのだ。

学校頭でないから成功したNさん、Hさん

ワールドメイトのスタッフには、専門学校を出ている人もいるし、高卒もいるし、中卒もいるし、大学を中退した人もいる。Nさんは素晴らしくて、大学へ一週間も行ったことがある。さらにその上を行くのはHさんで、大学の付属高校に在籍していたのだが、高校を卒業し、そろそろ大学でも行こうかなと行ってみたら何と籍がなかったそうだ。ふつう四月頃に科目登録があるのを知らなくて、登録に行かなかったのである。大学が始まったと思って行ったら、もう籍はありませんと言われて、自動退学になった。仕方

ないなと、独学で図面を描いて、月収百万円近くをかせぐ、プロの図面描きになった。それから、作詞もする。

Ｎさんの場合は、Ａ大に入ったのだが、下宿先からキャンパスまでは友達と車で行っていた。一緒に行こうという友達がＮさんを入れて六人いたが、車は運転する人を入れて五人しか乗れない。必ず一人が乗れないわけで、どういうわけかＮさんがいつも乗れなかった。そこで、「これは行くなということだ」と考えて、一週間しか大学に行かなかったそうである。

Ｎさんのお父さんはなかなかの人格者で、Ｔ大学で教えている先生で、測量会社の社長でもあり、全国の測量会社の会長を三十五年間やっていらっしゃる方だ。地元でも名士で、Ｎさんはその御曹司。長男で末っ子、上にお姉さんが二人いる。

私がそのお父さんとお会いしたときに、こんなことをおっしゃっていた。

「いやあ、うちの息子はおもしろい子で、大学に入ったときに手紙が来まして、その中に何と書いてあったかといいますと、『僕はお父さんに勝った』と書いてありました。『お父さんは社長だけれども、僕は会長になった。手相クラブの会長だ』と書いてあった。あの頃からおもしろい子でして……。皆さんにご迷惑をかけていないでしょうか」

ワールドメイトの東京事務所のある西荻窪に、時々お父さんが来られるが、Nさんとお父さんの対話というのは、「おやじ、どうしているんだ」と言いながら、パチンコ屋で親子関係を温めているという。

これこそ、御魂《みたま》の交流の見本だ。立派なお父さんで、Nさんが目上の人と非常に仲良くやっていくのは、お父さんとの関係が社会性に表れているからだ。また、Nさんも体あたりでやる人で、だからこそ二十五歳で手相の本を出すことができた。作曲家としても、十万枚以上のレコードを二枚か三枚出している。来たものに答えていくという中途半端に優秀な人よりも、社会に出たら体でぶつかって、自分の個性とか自分というものを出していく方が、よほど成功するというお手本だ。

しかし、NさんもHさんも、ただそれだけではない。

やはりどこかで本を読み、活字を読み、表現力、読解力が養われており、たくさんのところで人と話をしていて、自分の考えだけが正しいのではないということを社会で勉強している。この両方が備わっていると、他人から「ああしろ、こうしろ」と言われなくても、自分で道を開いていくことができるのである。

神様は学校頭ではつかめない

学校頭でも通用する社会とか組織もあるが、神霊界というのは、学校頭ではなかなか通用しない。意志力が強いというのはもちろんいいし、読解力があるのもいいが、体がすぐにパッと動くようでないといけない。禅にも通ずるのだが、体得することがポイントだからだ。

まず体で実践するということから入っていかないと、神様というのは掌握できない。ワールドメイトというのは、実在の神を掌握するところであり、その神を行じていくところだ。これが神人合一に至る道である。

「神を行じる」「実在の神を掌握する」というテーマがある。

その方法として、「只今に生きる」とか、「自然は神なり」とか、私の師である植松先生から出された短い言葉に象徴される教えがある。あらゆる洋の東西、古今のいわゆる道徳や宗教や哲学の結論、ポイントになるところが、植松先生の短い言葉の中に全部含まれていて、いかにその短い言葉が永遠なる普遍性を持ち、深い意味を持つのか、どのようなことにも当てはまるのかということを、私がこうして著作や講座を通して解説しているのである。

植松先生の一厘の役割と私の九分九厘の役割で、神霊界の道を広めていくお取り次ぎをさせていただいている。その次元次元にコツやポイントとなる「一厘」があり、ご神業では、植松先生と私はそのように役割が分かれているのである。

そのポイントというものを「行じて」いかなければ、本当は意味がないのだ。

学校頭では知行合一はできない！

陽明学は江戸時代に日本で広められた儒教の一派だが、その祖である王陽明は次のように言っている。

「行のない知はない。知は行の始めであり、行は知の始まりだ」

有名な知行合一の教えである。

知と行というのは切り離せるものではなく、知というのは既に行いの始まりだし、行いというのは知というものが成就されたものだから、知行は合一していなければいけないという意味だ。その「知」というのは、「良知」であり、「内的な魂の英知」であるし、禅でいう「自己本来の面目」でもある。

「赤肉団上に一無位の真人あり、常に汝ら諸人の面門より出入す、いまだ証拠せざる者は、看よ看よ」

と、『臨済録《りんざいろく》』の臨済禅師が言っている。

これをわかりやすく言うと、つまり赤いお肉の固まりのうちには、「一無位の真人あり」……校長先生だとか、どこどこの会社の何とかという位などまったく関係ない。人間の原点の魂、霊というのが出たり入ったりしている。いまだこれを見たことがない、体験したことのないやつは、これを見ろ、見ろ！　これがおまえの本質だ！……という意味になる。そう臨済禅師は言っているわけだ。

それが、過去、現在、未来も知っている、今世に生まれてきた私たちの魂であり、御《ご》本霊《ほんれい》だ。これを持っている知恵というのが良知。この良知をいたすことが知行合一。知とはそういう意味であり、良知をいたすということは、本来の自分の魂の内的な高まりに素直にものを行えば、どんなものでもツボに入って、どんなものでもうまくいく。しかしこれを人間の欲望、人欲というものが覆っているとうまくいかない。この人欲をなくし、自分の中身の本質的なものが出てくると、「神人合一」という言い方にあたる。これを王陽明は、「良知をいたす」と表現している。こういう「知」というのが本当の「知」であり、学校頭では出てこない知恵でもある。

学校頭だと「知」識はあっても、「行」動に結びつかない。つまり知行合一できていないのであり、それは良知ではない。「知」しか持たないからである。こう考えると、大変わかりやすいのではないだろうか。

神人合一も知行合一も生活実践から

私たちが目指す神人合一は、王陽明の知行合一のさらに先だ。学校頭では入口にも行きつくことはできないだろう。それではどうするか?

それは生活修業の実践から始まる。そこで、私と初期の頃からのお弟子たちが植松先生のもとへ修業に来たばかりの頃は、まず、便所掃除、庭はき、洗い物、お洗濯、片づけ物、整理整頓から始まった。まず学校頭をつぶすために、体でものを覚えていくという教育を徹底して受けたのである。学校頭をつぶすといっても、学んだものはなくならないから、まずそういう体験をし、体行をする。まず体で実践するというところから始まるが、それだけでは経験主義に陥ってしまう恐れがある。だから寸暇を惜しんで本を読み、ものを学んでいく。このようにして知行が合一していかないと、世の中では役に立たない人間になる。気が利かない人間とか、理屈は言うけれどいざとなったら何もできない人間が大きくなっても、大して社会の役には立たない。植松先生のもとに集まった当初のお弟子たちは、こういうふうにしてずっと修業してきたのだ。このような実践的な修業のやり方は、基本的には今も変わっていない。

改心すれば道学一体ができる

私はいろいろ本を書いたり、講義をしたりする。いろいろな本を読んで、読んだ内容を適当に並び替えれば、それなりに聴くに耐える講義はできるものだ。ところが、そうした講義を聴いて何になるのか？「うん、そうか」と、頭で納得するだけでは、学校頭がふくらむだけだ。明日から人生がどう変わるか、会社でどう変わるか、人間関係がどう変わるか。そういうふうに、話を聞いても何も変わらないのでは、ただ頭に知識をインプットして、勉強になったというだけだ。

神様の道というのは、体験、体行であり、知行は合一してこそ意味がある。だから、学校頭で勉強してきた人は、本を読み、講義を聴いて、おもしろくて興味が持てるかもしれないが、それだけで人生が変わるかどうか。人生の足跡が変わらないということは、神霊的にいうと、改心が本当ではないということだ。

前にも私は本に書いたが、本当に改心をした、改心しました、と口で言っても、行動がまったく変わらなければ、それは心を変えただけだ。行動はまったく変わっていない。そんなものは本当の改心ではない。

口と心と行いが変わって初めて、改心ができたと見なされる。これが、本当にものを学んでいく、神様の道を学んでいくということだ。私の講義や本で学ぶだけではなく、自分たちの生活の中でそういう縁をどのように生かすのかということを考え、そして行動する。まずそういうことが基本だということを、頭と体に入れてほしいと思う。

例えば、鹽竈《しおがま》神社に参拝に行ったとしよう。私が神社について説明した言葉とか、あの雰囲気とか空気とか、神主さんの祝詞とか、そのときのお天気とか、五感あるいはもっと奥の部分で鹽竈神社を感じるという体験をしておく。すると、「あの参拝は……」

口と行いが変わらなければ、本当に改心したとはいえない

という話をしても、「うんうん、あの参拝は……」と、一言、二言言っただけで内的な世界の体験、意識が違ってくる。

以前に、一度でも行ったことのある人は連想することができるけれど、行ったことのない人は、「ああ、鹽竈さんって、お釜の中にお塩が入っているのか」と思ったり、塩ちゃんというオカマの人かと思ったりしないとも限らない。秋田の人だと、白い粉っぽいお茶菓子だと思ってしまう人もいるかもしれない。

やはり、体験したことのある人とない人では、同じ「鹽竈神社の参拝は……」と言っても、内的に受けるものが違う。これを「道学一体」という。体験していくのは道、それから勉強し、学んでいくのは学で、道学一体。道学一体の勉強方法というものを絶えずしていかなければいけないのである。

芸術、スポーツの大家は道学一体の理論家

芸術に生きている人は皆、その人が道学一体かどうかで作品に違いが出る。

また、ゴルフの論理を知っていても、いざゴルフをやってみたら全然だめだとか、絵

のことは詳しいけれど、実際に絵を描いてみるとまったく下手くそだとか、書道についていろいろな理屈は知っていても、いざ書いてみたらまったくだめ。それなら、そんなに偉そうに言うなと言われることだろう。そういう人は道学一体とは認められない。

ところが、神様の世界というのは、芸術作品のようにはっきりとは答えが出ない。出ないわけではないが、作品を仕上げるわけではないので、本物かどうか、芸術ほど形になってはわからないわけである。

しかし、ただ経験だけで絵を描いたり、書を書いたり、ゴルフをしていても、やはり学んでいく理論とか法則とか知識というものを持たないと、「何となくこうなんだ」というだけで、まず人に教育はできない。芸術でも、大家になったら、大家なりの論理とか法則ということをふまえているから、いい作品が一回ぽっきりではなく毎回出せる。ゴルフでもいいスコアが毎回出せるのは、やはり理論や、知識を知っているからだ。こうした知識は、経験、修業と結びついているから、道学一体の結果であり、良知である。これは、芸術の世界ではもっとはっきり出てくる。スポーツの世界でもそうだ。

私が不得意な芸術に挑戦する理由

神様の世界とか宗教というのは、その点わかりにくい。神様のことがわかったと思っても、それが本当なのかどうか、すぐにスコアに出るとか、記録に出るとか、絵とか書とか作品として表れるものではないからだ。日々の実践の中で測っていくしかない。

「あなた、変わりましたね。顔色が変わりましたね。言葉つきが変わりましたね。酒ぐせも直りましたね。女ぐせも直りましたね」

と人から言われるようなら本物かも知れない。会社の上司とか同僚、部下とか、友達、家族から見て、「彼は口と心と行いが変わったね」と言われるようになったら、道学一体ができているということだ。

ところが、宗教というのは、教えを頭に入れただけで、わかったような気持ちになってしまいがちである。神様のことをいろいろとお話しする人がすごい人なんだ、と思ってしまうことがある。とんだ落とし穴だ。私はこのことをいつも自戒している。

そのために、私はいろいろな芸術に挑戦している。もちろんプロから見たら技術はまったく足りないだろうが、少しでも技術を磨いていこうと努力している。神様の世界は私にとっては得意な分野で、三十年間その道一筋に生きているが、しかし、不得意なことでも、黙々と精進努力する自分を大事にしたいと思ってやっているわけだ。

芸術でもスポーツでも得意ではないが、これも三十年、五十年と続けていけば、自分なりの持ち味とか個性が出ると思ってやっているのである。仮に誰よりも神気充実していたとしても、芸術は神気だけではだめなのだ。芸術の極致は、その人の境涯、境地にかかっている。そう考えて、私は不得意な分野でも、道学一体の修業だと考えていろいろなことに挑戦している。そういう部分がないと、私にとっては得意な分野である神様の道を、基本的なことから黙々と勉強している方の気持ちがわからなくなる恐れがあるからだ。絶えず、皆さんと同じ目の高さに立ってものを見るような自分でありたいと思い、そう心がけている次第だ。

行いで答えられない勉強頭の人

もう一度、学校頭の話に戻ると、道学一体ということは、「道」が先に来て、次に

「学」だ。勉強頭、学校頭というのは、来た問いに答えていくという順序だから、それが来ない場合には、なかなか自分からは一歩を踏み出せない。要するに、オリジナルな行動力とか、個性とか、創作力というものが乏しい人が多いのである。

学校頭のもう一つの長所は、活字に書ける力だが、では、活字ではなく行いで示してみろと言われたときに、なかなか行動できない傾向がある。台詞とか文章では書けるけれど、行いで示してみよというのが弱いのだ。

「行いで示せ」

「わかりました」

と、牛乳三百本ぐらい持ってきて、

「真心です」

「そんなの飲めるか！」

と言ったりする。

「すいません」

「別の行いで示せ。誠意を示せ」

「わかりました」

と、今度は新聞を一年分持ってきて、

「これでどうでしょうか」

「こんなもの何になるんだ」

「どうすればいいんでしょう」

「考えろ。自分でやれ」

と万事この調子だ。これは少々極端なたとえだが、活字で答えるくせがついている人は、活字でないところで答えなさいと言われたときに、どう答えていいかわからない場合が多いのである。

大笑いのラブレター拝見

それから、勉強はよくできるけれど、なかなか結婚ができない人。それは、例えばこんなラブレターを書いたりするからだ。

「一、あなたのお顔はバランスがよろしい。
二、スタイルがよくて色っぽい。

三、洋服のセンスがいい。
四、あなたは僕の好みです。古手川祐子に似ている（注・特別に私の好みというわけではない）。
五、何となく身長が合いそう。
以上、五つの理由によって私はあなたが好きです」

と書いてある手紙が来たとする。そういう手紙をもらったとしても、「はあ、なるほど」というだけで、その人と結婚しようという気になる女性はまずいないだろう。

次に、こんな人は女性に会ったときに、

「一、あなたの目は素晴らしい。
二、あなたの鼻の線は真っ直ぐで理想の形に近い。
ゆえに好きです。きれいです」

と言ったりもする。確かに、ほめてくれたら女性も嫌な感じはしないだろうが、そんなことを言われても結婚する気にはならないだろう。これはニュアンスの問題だ。恋はニュアンスだ。ニュアンスとは何か。辞書を見たら、「かもしだす何か」とある。かもしだす何かとは何か、と考えてみたらいい……。

実際に、私のお弟子にもそういう人がいる。しかし、それより体あたりで何人もの女性に失恋してきた方がまだいい。百人に挑戦して、二人か三人ぐらいはうまくいって、九十七人失敗したとしても、失敗した経験とうまくいったケースを考えたら、なるほどこういうふうに言えばいいんだなということがわかってくる。

体あたりでたくさんの女性と交際した人は、大して魅力もないという感じの人でも、次々といい人を射止めている。真っ正面から堂々と言うとか、もじもじした方がいいとか、体験から割り出した何かのコツがわかった人は、特に魅力はないんだけれども、あるかのごとく見せることができる。それで理想の人と結婚するわけだ。この人のどこがいいんだというような人でも、素晴らしい人を射止めて結婚できている例は、世の中にいくらでもある。

ところが反対に、こんなに優秀な学校を出て、こんなに人格が素晴らしくて、まじめで一生懸命なのに、なぜもてないんだろうか……と本人も思っているし、周りも同情するような人がいる。

「本当にねえ」

と同情する女の子に、

「では、君はどう思うか」

と聞くと、

「嫌です」

と答える。

こういう人が何人もいるのである。

このように、恋一つするにしても、道学一体でなければいけない。まず実践から入っていって、その後で法則を学んでいけばいいのだ。

私の著書『恋の守護霊』（ＴＴＪ・たちばな出版）などを見て、ある程度の法則性を勉強していただきたいと思うが、行動が先でないとだめなのだ。

答案用紙みたいなラブレターを書いても、読んだ相手は通信簿が届いたと思うだけだ。体験、体行、道学一体であれば、その人は、その人なりに出てくるニュアンスとか妙なる何かが出て、これが世の中の人を動かし、女性もドキドキする。少なくとも、人間の魅力というのはこれである。自分が学校頭だなと感じる人は、どこから体行をするか、何から実践するかということが、社会に出てまず考えなければいけない課題であろう。

経験を重ねると、その人なりのニュアンスや妙が出てくる

日本一多くの社長を出している大学は道学一体

私は予備校の運営にも携わっていた経験があるが、その当時、預かった生徒さんたちには、「勉強せい、勉強せい」と言っていた。

「矛盾しているじゃありませんか」と思う方がいるかもしれないが、矛盾なんかしてない。受験生のときには受験勉強をすることが肝心だ。

成績があまり思わしくない人は、中堅の文科系の私立大学の真ん中あたりに行くことになる。中堅レベルの人というのは、大体お話が好きで、人が良くて、嫌と言えないような、人のいい人間が多いのだ。こう言うと、どきっとする人も多いのではないだろうか。「何でわかるの、先生」と。

それは私は何万人もの受験生を見てきたからわかるのである。志望校が私大文科系の中堅大学か、それよりもちょっと下か、あるいはちょっと上かでもたもたして、倍率が気になるような子は、みんな人が良くて、お話が好きで、人間関係を大事にする。電話なんかも好きで、「おう、行こうよ」と言われたら、「うん、行こうか」。勉強も、「何とかなるよね」と言いながら、結局何とかならない。そうやって浪人している生徒が多いのだ。これに対して、理科系の生徒はだいたいマイペースで、こつこつと勉強するタイプが多いようだ。

そういう生徒は多いし、私自身、学生時代はそういう文科系の生徒の一人だったから、痛いところがわかるのである。

「君たち、勉強するとき、こうだろう、こうだろう」

と言ったら、

「先生、何でわかるんですか」

と皆びっくりする。超能力者もやっているとは予備校では言わなかったが、僕も実際にそうだったのだ。でも、

「先生、何でそこまでわかるんですか」

と聞かれて、「僕もそうだったからだ」と言うと、教育する側として値打ちが下がるので、

「たくさんの生徒を見てきて、こういうことがわかるんだ」

と言う。すると、「ほおっ」と信用して、また皆勉強する。

「こうやって勉強したら、きっと志望校に通るよ。先輩もこうやって通ったんだ」

予備校の卒業生たちもそうだが、まず私がそうだったから自信をもって言えるのだが、社会を見渡すと、そういう人の方ががんばって成功しているケースはいくらでもある。

日本でどこの大学を出た人が一番多く社長になっているかというと、それは日本大学だ。卒業生の数が多く、しかも道学一体である。日大は、悪く言えばどちらも中途半端、良く言えば、バランスよく育成しておられるといえよう。それから女性では、日本女子大出身の人で社長になっている人が多い。一流企業ばかりの中で統計をとると、東大や早稲田、慶應が出てデータはもう少し変わってくるが、数としてはそうなのである。だから、「自分の城を持つんだ」と体で社会にぶつかっていっている人は、それなりに素晴らしい人生を送っているのだ。企業の運営、それから恋愛、結婚と、社会では道学一体の「動」「体」から入っていかなければ通用しないことが多いということで共通している。

感覚と現実の間を実践でつなごう

ところで、神道では「感覚」と「現実」を大切にするが、感性と現実の間に「心」がある。想念とか思いだ。これが仏教の世界であり、霊界の世界だ。一方、神の道というのは感覚と現実であり、芸術的な感性だ。芸術的、信仰心のある感性、感覚と現実の足跡、実践……。これができていないと神人にはなれない。神界にも入れないし、神界の神様も認めてはくださらない。これまで道学一体ということについて述べてきたが、神社の神様も実は私たちのそこを見ていらっしゃる。日本の神霊界の神様は皆そうだ。もちろん、その配下にいる守護霊の皆さんもそうである。

どんなに想念と思いが良くても、足跡と行動が伴っていなければ、「真」とは見なされない。その思いが本物かどうかということは、心と言葉と行いと、さらに貫く精神があるかどうかで神はご判断される。すなわち、それを何年貫いたか。そして十何年目に神様からのお告げが来たとか、十五年目にやって来たとか、二十年目にようやく来たというように、年季が要る。これが神界というものなのだ。

もちろん、私は仏教も勉強しているし、仏教は素晴らしいと思う。仏教的な考え方のおかげで、心のひだが養われていく。心のひだがないと、いい感覚のときはいいけれど、悪い感覚にとらわれたときには、悪い感覚に満たされたままで回復できない。心のひだ、すなわち心のばねがあるから、「こうしなきゃいかん」と自分に言って聞かせて、めげそうなときにもがんばろうという気持ちになれる。先人たちはこんなにがんばったじゃないか、と自分で自分に言って聞かせて、右の方へ傾いていきそうな行動をもとにもどすということができるわけだ。

心があるから、いい行動といい感覚が継続できる。心の効用はこのように素晴らしい。しかし、「神霊界」というと、神界、霊界、現実界、感覚、心、行動、足跡、肉体、全部の総称であるといえる。そして、「神の世界」というのは、良き感覚とそれを維持する心であり、実践の足跡が何よりも一番大事である。初めのうちはいいことを言っていても、またはいい講義をし、いい本を書いていても、知らないうちに己が見えなくなってしまって、道から外れていってしまう人は多い。だから、私がそういうことにならないように、植松先生のもとで修業を始めて二年目か三年目に、「今年は実践だ」ということで、教育事業だとか商社の運営とか、社会的な仕事を新たな修業のテーマとして神様から与えられた。日本だけではなく、外国にも数社の会社がある。創業期を過ぎた今では、いずれの会社も実質的な運営はすべて人に任せており、私は直接関わってはいない。しかし、会社設立当初の頃は、生活修業の一環として、それらの経営にも携わりながら、その合い間にご神業をしていたのである。

神様の道というものにおいて、謙虚に、一先達《いちせんだつ》として、皆さんと同じ立場にいて学んでいこうと思い、行ってきたことである。

「知行合一」

「道学一体」

これらを物差しに、勉強頭の部分を実践で克服して、正しく学び、実践していきたいものである。

第4章

究極に運が開く神霊活用法

——日本神霊界の神様たち

日本神霊界を世界の中で見る

これまで本書では、どこまでも強運になっていくためのポイントを、さまざまな角度から解説してきた。この章では、強運になるための究極のウルトラCをご紹介しよう。

何年も前の話になるが、私が行っている講演会で、こういう質問を受けたことがある。

「深見先生が教えてくださる霊界は確かに日本人にフィットしますが、キリスト教のように一神教を信じる人々には、受け入れられにくいと思われます。世界に普遍的な世界観が存在する場合、信じる宗教によって異なる世界観をどう融合させるのでしょうか」

ワールドメイトは神道を基として、儒教や道教や仏教やキリスト教の良いところは取り入れている。しかし、あくまで日本神霊界の神様を中心に据えており、この疑問はいいところを突いている。

そこで、まずこの問題について考えてみよう。

今を去る十年ほど前、たま出版の紹介でアメリカの神霊家のリアさんという方が、「日本に行ったらぜひ深見さんに会いなさい」という啓示を受けた、ということでお見えになったことがある。ご自身も、お告げや病気治しをされる方だが、彼女によるとアメリカは今「ニューエイジ」の時代であり、猫も杓子もニューエイジ、ニューエイジと言っているらしかった。あまり宗門宗派に拘泥しないで、もっと自由に宗教をとらえ、その原点を見ていこうというブームであるらしい。ともかく、ニューエイジの精神を持つ人であり、「協調できる人だから、この人に会いなさい」ということでいらしたらしい。

犬の全米チャンピオンというのがあるが、そのナンバーワン、すなわち犬のチャンピオンを育てた人で、二十二匹の全米チャンピオン犬を育てている。

そこで、星ツアーとかチャクラを瞬間に開けるとか、前世が自分で見えるとかの宇宙秘儀を二つ、三つお取り次ぎさせていただいた。アメリカでは、まだここまでする人はいないと非常に驚いていらっしゃったが、日本の先端技術が世界をリードするように、神霊界でも日本の神霊技術が世界をリードしているんだ、という話を英語でしたら、「あっ、なるほど」と感動されていた。しかし、アメリカ人に日本の神霊界の深く突っこんだ話をしても、普通はなかなか理解していただけないことが多い。リアさんとの場合は、宗門宗派の違いをほとんど感ずることなく、その本質的な部分はよく理解し合えたのであるが、一般にはなかなかこうはいかない。

なぜ天理教は伸びたのに、キリスト教は伸びなかったのか?

では、アメリカ人、あるいはヨーロッパ人にどう説明したらいいのかというと、まず、日本にキリスト教が入ってきてどうなったかを話すのである。明治の初めに日本に入ってきたのは、ピューリタン革命、産業革命といった洗礼を受けたキリスト教であり、非常にピュアで、神に対する純粋な信仰という側面が強かった。だから、その信仰内容は極めて哲学的、極めて崇高な宗教哲理で、山室軍平《やまむろぐんぺい》、同志社の新島襄《にいじまじょう》、海老名弾正《えびなだんじょう》、賀川豊彦《かがわとよひこ》といった人たちが、日本のキリスト教社会運動を推進していった。ところが、一般にはあまり広まらない。今の日本の宗教人口からいうと、キリスト教信者は一パーセントに満たないぐらいである。

それに対して、同じ頃に日本で発展してきた宗教が、天理教である。同じく神様に対しては純一だったが、こちらは燎原《りょうげん》の火の如く、日本中にどんどん広まっていった。とにかく、ハッピを着て〝ひのきしん〟という奉仕活動をするなど、神様に対する素直な信仰実践をベースにした教派神道のさきがけ的な一宗派である。

では、なぜ天理教は伸びたのに、キリスト教は伸びなかったのか。それは、キリスト教には現世利益がなかったからではないだろうか。

日本の神道の風土は、「中今《なかいま》」の思想であり、今の中にある、只今只今を一生懸命生きていくということを重要視する。未来のことをあまり考え過ぎない。過去のこともくよくよ思わないという、この中今の思想というのが中心にある。日本に入ってきた宗教をつぶさに見ると、禅宗も老荘思想も同様の精神が流れていることがわかる。だから、この国に根ざしたのである。

伝統を重んじるフランスと、「只今の国」日本

歴史を見ると、日本は原子爆弾を二発も落とされている世界で唯一の国である。そこで、広島の人たちに、

「あなたはアメリカが憎いですか」

と聞くと、

「えー？　核兵器が憎いです。ああいう戦争は再び起きてはいけない。核兵器は廃絶しなければいけない」

ということはおっしゃるが、アメリカが憎いという人はまずいない。長崎の人に聞いても同じだろう。

それに対してフランスとか韓国、中国はいまだに日本を憎んでいる。私の知り合いで海外旅行に行った人が、フランスで果物を買おうとしたら、

「あなたは日本人だろう、日本人には果物を売らない。私のおじいさんが太平洋戦争のときにドイツ野郎に殺された。そのときに、日本は同盟国だったじゃないか」

こんなことを言われて果物を売ってもらえなかったという。粘着気質というか、しつこいのである。今のことではなく、過去の歴史や伝統にしつこく固執するのである。

また、戦争中、「日本が勝った、勝った」と新聞には書かれていたが、本当のところは負けていた。しかし、そうした歴史があるからといって、新聞をまったく信用しないという人はあまりいない。ところが、フランス人は、戦争中に同じようなことがあり、新聞、雑誌に全然信頼を置いていないそうだ。だから、新聞を読まないフランス人が多い。それは歴史の中で、国家のためにそうしたメディアが利用され、マスコミとか活字

を通して嘘の報道がなされたことがあったからである。そういうことが一度あると、二度と信じない。それで映画ばかり観る。自分で自由に選べる映画を観る。そのように、一度そういうことがあったらずーっと思い続けて、パリの街並みの重厚さのように、文化や歴史や伝統を蓄積して形成していくようである。

日本人は、原子爆弾を落とされたのは日本だけなのだが、落とした国を恨まないで兵器を恨んでいる。そしてすぐに立ち直って、世界の奇跡といわれるような見事な復興を遂げた。

オイルショックのあとの立ち直りも素晴らしかったが、それだけの咀嚼力があり、只今只今を一生懸命努力して未来を切り開いていこうとするのはなぜか？

あまり過去のことをいつまでも覚えていない。いい意味で忘れっぽい。先々のことはあまり心配しないで、今をとにかく良くしていこうということで、その時々に柔軟な対応ができるのである。これが、「中今《なかいま》」の思想のパワーだ。こういう思想に適応しやすいのが禅宗の教えであり、老荘思想なのだ。

アジアの宗教は人間の原点を見ている

アメリカ人、ヨーロッパ人と話をすると、禅宗の禅の教え、タオイズム、老荘思想は、キリスト教文化の人にもかなり通じるし、禅の教えを勉強している人も多い。

特に、自分自身はなぜ生きているんだ、何のために生きているんだ、人生とは何なんだ……という基本的なところの疑問点というのは、キリスト教ではなかなか直観的な自覚となっては解決されないので、そういうオリエンタルな思想の方に進んでいくようである。メディテーションとかインド的なもの、中国的なもの、特に禅宗が、アメリカやイギリス、ヨーロッパでもてはやされるのは、アジアの宗教が自然や宇宙の中における人間の原点を見ているからだ。

そういうところに興味のある人は、私と一日中、霊界の話とか、禅の話ばかりしているうちに、神道というものはなかなかわかりにくいが、理屈ではないところを理屈ではなく実践している道であり、古来よりの日本人の生活や意識の習慣の体系なのだ、ということがわかってくる。しかし、禅宗の教えだけではなく、こういう固有の特性であり、

アメリカやヨーロッパからも注目されているアジアの宗教観

理屈よりも体験だと言葉で言っても、なかなかわかるものではない。やはり、何らかの具体的な実例やサンプルが要る。それには、素晴らしい日本固有の芸術や神社や仏閣などを通して見せてあげるのが、有効的な手段の一つであるといえよう。

タオイズム、つまり老荘の教えを説明すると、「なるほど」と納得する。正しい日本の神道の教えではないけれども近いものなんだ、と言って神道の持つ共通の部分が説明できる。あとは経済活動や日本的企業の特色や、日本の美術の特色や日本人の行動パターンなどの具体例を挙げて、その背景にある日本的なものといわれるものの奥にある、神道の思想や習慣を説明する方が、欧米の人たちには理解されやすいようだ。

何とでも結びつく日本の神様

日本の思想の伝統の中には、「中今」というのが根深くある。今の生活、今が良くなければ意味がない、未来がどうであろうと過去がどうであろうと、今を大切にするという即物的、というよりも今を大切にする思想が、どうしても意識の根底にある。良い意味での現世利益だ。だから、いくらいい教えであっても現実はどうなんだ、となる。日本人はそういう意味で非常に現実的だが、そもそもこれは日本の神様の教えから来ているのである。

只今の生活が幸せだったらいい。平和であればいい。

七福神の思想については拙書『大金運』（ＴＴＪ・たちばな出版）でも詳しく述べたが、七福神の中でメイドインジャパンの神様は戎《えびす》様だけで、福禄寿《ふくろくじゅ》と寿老人《じゅろうじん》は中国から来た神様であり、大黒天、毘沙門天、弁財天はインド系の神様で、布袋和尚は実在した中国人で、弥勒菩薩の化身であるといわれる。

「だけど、皆さん福の神だからいいじゃないですか」ということで、一つの船に仲良く乗っている。

この七福神思想に、神道的発想が全部入っている。

とにかく、お蔭をもたらす神様なんだから大事にしようじゃないか、ということだ。そういう思想が日本人の精神構造の奥深くに入っているので、いくらキリスト教の素晴らしい、高度な哲学的な信仰が入ってきても、一般的な信者数は一パーセントにも満たないものなのである。キリスト教が日本で伸び悩んでいるのは、こういうところにその背景がある。キリスト教に、もう少し原初のように現世利益があったらよかったのだ。

現世利益がある程度あって、只今の生活が良くなるという要素が何かないと、どんなに素晴らしい教えでも、日本人の中ではなかなか伸びない。

こうした精神的、文化的な構造があるので、今日《こんにち》まで諸外国からいろいろと誤解されて、日本人は二十数年前にエコノミック・アニマルだとか、また、最近は異質文化だとか言われていたのもそのためだ。しかし、もっと冷静に考えてみると、日本人には幅広くて深い咀嚼力があり、現実界を大切にして、未来のことも過去のこともあまりガタガタ固執して言わない。理屈を乗り越えてやるんだ、体験だ、実践だ……と、こういうところを強調する意味では、それを「現実主義的」といえる要素もある。

神道の歴史を見れば、儒教と結びついた歴史も多い。吉田兼倶《かねとも》の吉田神道、山崎闇斎《あんさい》の垂加《すいか》神道、吉川惟足《きっかわこれたる》の吉川《よしかわ》神道など、これらを総称して儒家《じゅか》神道と通常言っている。

そして、仏教と結びついたのが弘法大師の始めた両部《りょうぶ》神道。それから比叡山の方で興った山王一実《さんのういちじつ》神道という、天海《てんかい》和尚などがその系譜を引く思想もそうだ。

仏教とも多種多様に結びつく。只今が良ければいいという、理屈のない世界だから、いろんな理屈と融合できるわけである。だから、儒家神道、両部神道と、さまざまなものと結びつくわけである。外国人に説明する場合は、日本では現世利益、只今を大事にするという今のような説明をした上で、キリスト教は生活に生きるという現実的要素が少ないので、日本では伸びにくいと言うと、「なるほど、そうか」とわかっていただけるものである。

キリスト教者にどう説明するか

では、キリスト教の皆様に対して私はどう言うかというと、キリスト教の崇高な教えや精神、それから純粋な信仰を貫く信《しん》は素晴らしいものであるとまず言う。しかし、欲心というのではない現世利益、現実に日常生活が良くなり、現実に自分自身を豊かにするにはどういうふうにしていけばいいのか、というところもあっていいんじゃないかという考え方をプラスして足していく。さらに、ガーディアン・エンジェルス、ガーディアン・スピリッツ、すなわち守護霊さんの存在をお話しする。現実に、守護霊団、背後霊団はあるのだから、それをもっと認識しなさいと話すのである。認識するだけで、あると思えば強く出てくる。しかし逆に、ないと思えば弱くなって消え、たとえ出ても小さくしか出てこないというのが、不変の霊界法則なのである。あると強く認識すると、現世の利益がはっきりと出てくる。ないと思えば、あってもかすかにしか出てこない。これが霊界の法則だから、確信すればするほど、その現実界への顕現力は強くなる。疑うほど現実界への顕現力は弱くなる。守護霊さんというのは、私たちに認識してくれと強要はしないが、認識してくれると喜ぶものである。

まあ、こういうことで、伝統的な世界観が違うということがあって、インド思想やヨーロッパのキリスト教で頭が固まっている人に、少しでも現実を良くしていくのが人の本来の姿だと言っても、あれだけの伝統と国民性、意識と認識の違うところでは、その思想の根幹は到底変わりっこない。だから話していて、そろそろ行き詰まったなあというときには禅の話をし、老荘思想に持っていく。タオイズムというのはヨーロッパでもかなり広まっているからだ。

ところで、錬金術というのが、ヨーロッパの思想の裏にはあると言える。キリスト教の一派であるグノーシスとか錬金術師たちというのが、いわゆる正統なキリスト教徒と並行してヨーロッパに存在したのだ。そういう人たちは、老荘思想や東洋の思想を勉強している。神仙道など、非常に中国的なもの、オリエンタルなものに興味を持っているヨーロッパ人もたくさんいる。ヨーロッパといっても広いので、一般的なお堅いキリスト教精神の人に、大自然の法則に基づく、人間の本来あるべき姿だのなんだのと言っても、論争になるだけで、これは日本的なやり方ではない。すべては、今よりも少しずつ良くなったらいいのであって、キリスト教精神で行き詰まってきて、どうすることもできないという人には、禅の教え、老荘思想から入っていって、惟神《かんながら》の道というものに行きついたら、では次に体験、実習していこうという話し方を私はしている。

こういうふうに、ヨーロッパ主義の行き詰まり、またキリスト教文化の問題点や現実に自分たちが苦しんでいる問題を切り開く解決方法を、一歩また一歩とそのレベルに合わせて示してあげるのでないと、なかなか通じるものではない。要するに、現実にヨーロッパが良くなり、ヨーロッパ人やアメリカ人が幸せになり、ベターになっていただければそれでいいのだ。自分の主義主張を、「こうだ！」と言って押しつけるつもりは毛頭ない。

本当の神様というのは、教えや主義主張を広めてほしいというよりも、少しでも世の中が良くなったらいいと思っておられるし、少しでも多くの人々が幸せになったらいいと、それだけを願っていらっしゃる。そして、そうした神霊界の神々様の真実のご性格や特性を私たちも学び、基本的には、それに素直に従うべきだと思う。霊界の上の方のランクになると、普遍的、一般的な法則に基づくルールで皆さん生きている。東洋も西洋もインドもなく、ちょっと顔の色が違うというだけだ。

キリスト教や仏教を勉強していても、上の霊界では神霊界の法則の普遍性に基づいて皆が協調し合っている。逆に下の方に行くと、キリスト教、仏教、神道、儒教などという、それぞれの教理に固執して、ああでもないこうでもないと言い合っている。霊的に上の方に行って覚醒のレベルが高くなればなるほど、東洋の人はヨーロッパ的なものも理解し、西洋の人も東洋的なものを理解し合っている。人間的な行き詰まりを次々に脱皮して、あるレベル以上の霊格になると、生前どの宗派だった人も、普遍的な真理をそれなりにわきまえているのだ。前述したアメリカ人のリアさんなどは、典型的な実例であるといえよう。

こういうふうに理解するのが本当であって、アメリカ人、ヨーロッパ人でもあるレベルに達している人は、私が東洋的なものと西洋的なものを縦横無尽に織りまぜて話をしても、日本人以上によくわかってくれる。

少なくとも、禅宗か老荘思想を勉強していただくと、神道の一部はよくわかる。神様の掌握の仕方は禅的であり、老荘的であり、さらに儒教の現実を尊重するという姿勢を説明すると、その現実的な性格の本質はよくわかっていただける。実際、日本人以上にそういう分野を勉強している人は多い。

しかし、一般的には非常に頑固にキリスト教を信仰している人が行き詰まっているときには、普遍の神を信じるのはいいけれど、神道のようにもう少し柔軟にものを考えて、現実も豊かになってもいいんじゃないですか、と発想の転換の具体例を、たくさん言うようにしている。そうやって、現実が幸せになる方法を教えてあげて、いやがる人は一人もいない。

「いや、私は現実の幸せよりも神の真実の方が……」

と相手が言っても、

「神の真実もいいけれど、現実に幸せになったらもっといいんじゃないですか」

と言うと、

「それはそうだ」

となる。

もとの質問、「世界に普遍的な世界観が存在する以上、信じる宗教によって異なる世界観をどう融合するんでしょうか」にもどると、結論からいえば、何も世界観を融合させる必要などはない。私が今まで述べてきたように、少しずつ理解し合う努力は続けるものの、要は愛を素直に実行すればよいのである。そこは万人が理解し合える、世界共通の宗教観の最高峰であり、あらゆる世界観の結論であるからだ。

世界中の人に幸せになっていただきたい、より良くベターな方向に持っていきたいという気持ちはあるけれど、もちろん世界を融合させようとか、自分たちの教えを知らしめようなどという気持ちは、私にはない。相手が少しでも求めてきたら、どこまでも答えていこうとは思う。幸せにしてあげたい、良くしてあげたいという気持ちはあるけれど、自分たちの主義主張を徹底させようという気持ちはまったくない。ただ、ひたすら愛を実行するのみである。

そうでなければ、また教理と教理の戦い、ディベート、争いと宗教間の葛藤が起きるだけである。それでは、旧来のものと何ら変わったところがないと言える。世界のあちこちで起きている宗教戦争の状況を見ると、そうしたことがよくわかるだろう。だから私たちのグループでは、そういった過去の歴史をふまえた上で、一人ひとりが幸せであるような、協調と融和の新しい時代の普遍的な宗教性を目指しているのである。

新しい時代の先端を開く金毘羅《こんぴら》さん

さて本章の最後に、日本神霊界の代表的な神様のお力を紹介しておくことにしよう。どの神様も基本的にはオールマイティーのお働きをされるが、私が御神霊に直接教えていただいたところ、神様はそれぞれに特に得意な分野というのがおありである。それを知って、それぞれの神様の役割とお働きに合わせたお願いをすると、より強力に導いていただけるのである。

まずは四国、高松にある琴平さんこと金毘羅大権現。

金刀比羅《ことひら》さんというのは、言霊《ことだま》でいうと「事開《ことひら》けゆく」神であり、御神名は「金刀比《ことひ》羅別《らわけ》」と申し上げる。だから、金刀比羅別から事が開けていく。いわば、幸魂（さきみたま、又はさちみたま）の働きだ。

人間にも一霊四魂があるように、神様にも一霊四魂がおありになる。幸魂というのは、「先に立つ」役割で「サキみたま」といい、またいわば手でビリッと裂く先端にある神様の働きをするので、「サキみたま」といったりする。しかし、その本質的な働きをいえば、人間や神様の魂の働きの中では、愛情を司るものである。すなわち、道というのは愛で開かれなければいけないということになる。

幸魂という言霊をいろいろと分解すると、「先に立っていく、咲かせていく、先端を行く、引き裂いていく」という解釈ができる。神様や人間のそういう働きを表しているのである。

ところで、江戸時代の終わりから、明治、大正、昭和へと、封建時代から新しい時代に移り変わっていくときに、政治も社会も大きく変わった。

政治や社会が変わるということは、神霊界も大きく変化しているということである。その江戸時代の封建社会から明治の近代国家へと移行する胎動期に、如来教という宗教が出てきた。如来教は、今の教派神道や新興宗教の一つの雛形になった宗教で、そのご祭神が金毘羅権現だったのである。キノというおばあさんに金毘羅権現様、すなわち金刀比羅の神様が神がかって病気治しを始め、世直しを唱える新興宗教のさきがけとなった如来教が開かれた。

それから、このパターンは、天理教の中山みき女史に続く。天理教も金光教も、黒住教、大本教とか世界救世教、生長の家、真光文明教団といった、世直しや病気治しを唱

道を開き、時代を開く金比羅権現様

える近世型新興宗教の雛形になった教団が、如来教だった。それから始まって、大本教では、神道も仏教も儒教もすべて集約した初めと終わりの「とどめの金神《こんじん》」、すなわち「艮《うしとら》の金神」が降り、戦後の新興宗教の二大潮流をつくる基となったのだ。二大潮流とは、この大本教系と日蓮宗系の二大潮流のことである。

つまり、如来、天理、金光、黒住、大本教と、江戸時代の終わりから明治、大正、昭和と、大きく時代がカーブするときに巷に降りられた仕組の神々様だが、その始まりは金刀比羅さんだったのである。

一般に、金毘羅さんは商売の神様、航海安全の神様として知られているが、何か自分で新しい分野を切り開こうとがんばる人は、お参りしてお願いをするといい。「事開けゆく神様」であるから、突破口を開いてくれて、必ずや大いなるご守護と導きをいただけることだろう。

金比羅さんは交通安全万能のビタミン剤

先にも書いたが、神々様にもいろいろなお働きがある。そして、日本神霊界の主宰神ともいえる天照大御神様は、総合ビタミン剤のような神様で、オールマイティーに何でも叶えてくださる。ほかの働きの神様というのは、いわゆるビタミンCとかカルシウムとかビタミンB1とか、そういう特色のある栄養剤のような神様だといえよう。風邪薬でも、総合的な風邪の症状か、鼻がぐすぐすするだけとか目がしばしばするとか、発熱だけとかのどが痛いだけとか、症状によって特効薬的な働きをする薬が違うのと同じようなものだ。

だから、それぞれの特効薬的な神様へのお祈りに、天照大御神様の総合ビタミン剤のお働きを足していただければ、最高によく効くのは間違いない。

金毘羅権現の「事開けゆく」というお働きを、日常生活に応用すると交通の神様となられる。

私はこの神様との出会いがあってから、どんな交通渋滞でも、あらかじめお願いしておけば、ピタッと時間通りに着けるようになった。どんなひどい交通渋滞にはまっても、この神様にお願いすると、何だか道がパッパパッパッパッと開いていく。「あっ、この道の方に行けばいいんじゃないか」とひらめいて裏道へ行ったら、ピッタリすいていたということになる。渋滞予想大神というわけではないけれども、金毘羅様は、昔から船の安全とか航海の安全を守る神様だといわれてきた。

八幡様でも伊勢神宮でも、どこの神社に行っても、交通安全のお札を出している。けれども、やっぱり交通安全中の交通安全、一番よく効く交通安全のお薬大神様は断然、金毘羅権現様である。

だから、自動車をよく運転していらっしゃる方には、この金毘羅様が一番の特効薬大神である。このご神霊薬をお使いになると、私たちの交通は安全。交通安全というよりも、交通を正しく運んでくださるという方が近い。

今回は、金毘羅様について重点的にご紹介したが、このほかの日本神霊界の神様のお働きについては、『神社で奇跡の開運』や『全国の開運神社案内』(いずれも、ＴＴＪ・たちばな出版刊)にもっと詳しく書いているので、ぜひ参考にしていただきたい。

第5章

偉大な禅僧に学ぶ

霊層、霊格日本一――白隠禅師《はくいんぜんじ》

第二章で、冬に読書すると神気が入ると言ったが、一体どういう本が神気が入りやすいのだろうか。

まず私がおすすめするのは、日本の禅僧の残した教えである。中でもぜひ勉強していただきたいのは、白隠禅師という江戸時代中期のお坊さんの逸話だ。

私は講演会などで、ご神霊と一体になった神霊問答《もんどう》というものをよく行う。参加者の観念や分別の知恵をブチ破り、奥の御魂《みたま》を発動させるためだが、このときによく白隠さんがお出ましになる。なぜ白隠が出てくるかというと、日本の僧侶の中では一番高い霊的なレベルにいるからである。一番霊層が高くて、一番霊格が高い、日本ナンバーワンのお坊さんは誰ですかと、私が神様に聞いて神霊界のランクを見せていただいたら、白隠禅師だったのである。弘法大師よりも上だから、私も驚いたが、大変な高さだ。

「駿河にはすぎたるものが二つあり、一に富士山、二に原《はら》の白隠」といわれたように、白隠さんは原というところに住んでいた。原は東海道五十三次の宿場で、広重の絵にも描かれているので、そういうところから知っている人もいるだろう。

「われ大悟徹底《たいごてってい》すること七《なな》たび八《や》たび、小悟徹底《しょうごてってい》すること枚挙にいとまなし」というほどに何度も脱皮して、内面の境地が深まっていった。これは曹洞宗開祖の道《どう》元《げん》禅師よりも、霊界では五ランクも上といえる。

白隠禅師は、非常に禅的および学問的に高いレベルの教えと、社会の一番底辺の人たちにも理解できるようにわかりやすく書かれた『おたふく女郎粉引歌』とか、『遠羅天《おらて》釜《がま》』とか、本当にユーモアの極致のような楽しくやさしい教えと両方を兼ねそなえている。難解なものからやさしいものまで、上から下まで自由自在だ。書にしても絵にしても、見事なまでに自由自在に書き分けている。もちろん白幽子《はくゆうし》仙人から教えを受けて、ある程度神仙道の方でも自由自在である。

白隠禅師は臨済宗中興の祖といわれ、まさにこの白隠がいなければ、臨済宗は今日これほど広まっていなかっただろうといわれている。身分の低い僧侶であったわけだが、悟りの中身でいえば、それくらい霊層、霊格ともに高いランクにいる。白隠禅師は、実は臨済禅師の生まれ変わりなのである。

以前、二月二十七日前後の冬の澄み切った気の中、神界とのパイプが太くなっているときにご神業をしていたら、白隠さんがお出ましになったことがある。そのときに、どこからともなくパチンパチンという音がしたのである。

白隠といえば「隻手《せきしゅ》の公案《こうあん》」で有名だ。

「右の手と左の手を打てばパチンと音がするだろう。では、右手の音はどんな音だ」

これを頭で考えて答えたら、「バカ者！」とくる。頭で考えて聞こえるわけがない。しかし、分別の智恵を越えて魂の奥で聞けば、ちゃんと聞こえるんだというのが「隻手の公案」だ。まさにこのときは、隻手の音が顕現していたのかも知れない。

そうやって八十四歳まで徹底的に活躍されて、優れたお弟子もたくさん育てた。それで、あるとき、「喝ーっ！」と居間で大声がする。「何ですか、今の声？」とお弟子さんたちが居間に行ってみると、白隠禅師が「喝ーっ！」と言ったまま、右手をふり上げてそのまま亡くなっていたという。

「みんなお世話になったね。じゃあ、後は頼むよ」というような、せこい死に方ではない。臨終を思う己の恐れや分別心に向かって、「喝ーっ！」と言ったままご臨終というのだから、やはり最高に見事だ。私もこれを見習いたい。

日本の禅宗の源流――中国禅

日本の禅宗は大きく分けて、臨済宗と曹洞宗と黄檗宗《おうばくしゅう》という三つの流派がある。

日本の曹洞宗は道元禅師が伝えたもので、そこで行われている禅を黙照禅《もくしょうぜん》という。ただ黙って座るのが黙照禅だ。臨済宗は、臨済禅師が始めたものを栄西《えいさい》が日本に伝えたもので、看話禅《かんなぜん》という。黄檗宗は隠元《いんげん》禅師が始めたものだが、系統としては臨済宗と同系である。

日本の禅宗はこの三つだけなのだが、では禅宗というのはどこから来たかというと、臨済宗も曹洞宗も黄檗宗もみんな中国から来ている。

日本に臨済宗を入れたのは、鎌倉時代の僧、栄西である。名は栄西だが、英才教育を受けたのかどうかはわからない。ヨウサイとも読むが、洋裁が趣味だったかどうかは知らない。とにかく、彼は最初比叡山で修業をしていた。比叡山では法華経をベースにして禅と密教と律、この四本柱で修業をしていたが、そのうちの禅を彼は特に修めた。そして後に宋に渡って、日本に臨済宗をもたらしたのだが、同時にこの人は『喫茶養生記』という書を著して、事実上の茶道の輸入者、あるいは日本における紹介者となっている。

また道元禅師は、中国の天童山《てんどうさん》の如浄《にょじょう》という人から悟りを受けて、曹洞宗を興した。そして、黄檗宗《おうばくしゅう》を開いた隠元《いんげん》はもともと中国人である。

このように、日本の禅宗はすべて中国禅から始まっているわけである。では、日本に来た中国禅はどこから来たのか？

禅宗のそもそもの始まりは達磨《だるま》大師である。子供でも知っているダルマさんだ。この人がインドで始め、やがて中国に渡ってきた。達磨大師が開祖であり、この開祖から五祖まで脈々とインド風の禅が中国で伝わったのだが、六祖とされる慧能《えのう》禅師から爆発的に中国風の禅が広まっていった。

この六祖慧能禅師という人は、無学文盲であった。それまでの人たちはそれなりの学問と教養があったわけだが、慧能禅師は文字も読めない、書けない、けれども本物の悟りを米つきをやりながら開いたということで有名だ。日本の禅宗はみんなこの慧能禅師がもとになっていて、日本の禅の総合的な家元さんのような感じの存在になっている。

中国禅の特徴は、生活に即しているということ。臨済宗、曹洞宗が興る前にもいろい

慧能禅師は、無学文盲でも悟りを開いて禅の道を極めた

ろな宗派があったわけだが、禅林七部の書と呼ばれる、『臨済録』『碧巌録《へきがんろく》』『大慧書』『虚堂録《きどうろく》』『五家正宗讃《ごけしょうじゅうさん》』『江湖風月集《ごうこふうげつしゅう》』『禅儀外文《ぜんぎがいもん》』に『無門関《むもんかん》』を加えた八冊の本を押さえたら、禅宗の基本思想をほぼマスターできる。もちろん八冊の本を押さえるといっても、頭で考えるのではだめで、頭ではない、論理の出る前のプレロジカルなところで読んでいるつもりで読むのだ。中でも特に『碧巌録』と『無門関』が二大テキストになっている。

「日々是好日」とか「無字の公案」「即心即仏」とか、そういう有名な公案は全部『無門関』か『碧巌録』か、あるいは『臨済録』に収められている。そのほか『禅関策進《ぜんかんさくしん》』『六祖壇経《ろくそだんきょう》』とかいろいろあるが、まずは『臨済録』『無門関』『碧巌録』から始めてみることだ。

自分の腕を切り落として達磨大師の弟子に！――二祖慧可《にそえか》

この六祖慧能が出てくる前の、達磨大師から五祖までというのは、まだインド禅的であったといえる。やがてインド禅から慧能を経て中国禅へと移行して、日本禅へと移り変わっていく。まるでインド料理から中国料理になって日本料理になるように、味わいが変化してきたわけだ。

では、このもとのインド禅とはどういうものであったのかというと、極めて哲学的で、観念的なインド思想の如くであった。それは『達磨語録』を見ればわかる。そのインド禅が慧能のときに中国禅になったのだが、慧能禅師が無学文盲だったおかげで、とにかく理屈抜きにして何よりもまず体験が大事なんだ、ということになったのである。当時の僧侶は貧しかったので、自分たちで薪を割ったりしながら生活していたのだ。その中で悟りを開く訓練をしたわけである。

達磨大師の後を受けた二祖慧可《えか》という人はよく掛軸の画題にも取り上げられている。この人は達磨大師のもとで修業をしたいと思ったけれど、達磨大師からなかなか入門を許されなかった。

「ぜひ、達磨大師に入門したい」

「だめだ、だめだ、何と言ってもだめだ」

慧可は儒教や老荘思想をいろいろと勉強したけれど、本当の師匠がいなかったので、どうしても達磨大師のお弟子になりたかった。そこで、とうとう自分の左腕を切り落と

して、

「これ、私の左腕でございます」

と差し出した。ものすごい話だが、

「命がけで修業しますので入門させてください」

という気迫を表したのだ。さすがの達磨大師も、

「よし、よかろう」

と入門を許した。自らの左腕を切り落としてお師匠さんに捧げるだけの求道心、己の求道心はこうなんだと指し示して入門を許されたのだ。それだけの、ものすごい求道心の人だったので、達磨大師の後、禅宗の精神や本物の悟りの境涯を受け継いだわけである。

不立文字《ふりゅうもんじ》、教外別伝《きょうげべつでん》、直指人心《じきしにんしん》、見性成仏《けんしょうじょうぶつ》

達磨大師は、九年間も壁の前で座禅をくんでいたという。壁の前で何を悟ったか。宇宙の真理、そして釈尊の教えの本質、それは「不立文字《ふりゅうもんじ》」だ、と。

「お釈迦様の本当の教えの真髄を、今、会得した。それは不立文字だ」

文字に立たない、文字じゃないということがわかった。これは偉大な教えだ。この言葉が出てくるまでに、どれだけの教典と経文を勉強し、修業したかということがひしひしと伝わってくる。

また、この「不立文字」の言葉とは、見性《けんしょう》という真の霊的覚醒である悟りを開いたときの、魂からほとばしる雄たけびの言葉である。決して、知的理解を示す言葉なのではない。

禅宗を理解しようと思えば難解ではあるが、これを簡単に理解するには、まず不立文字の真の理解から始めるべきだろう。そして、教外別伝、直指人心、見性成仏。これが、「達磨の四聖句」と言われる。一説によると、後に「不立文字」以外の三つの聖句が加えられたとするむきもある。

禅宗についてはいろいろな見方があるが、明確に理解する上で一番大事なのは、一言でいえば、まず不立文字の本質的理解なのだが、次に教外別伝があり、これはティーチングや教え以外に、別に伝えるものなんだよという意味であり、いろいろと本を読んだり講義を聴いたりしても、それでは絶対に伝えられるものではない、教え以外のところを自分でつかむものだ、ということになる。

次に直指人心。じかに指を差すところの人の心。刻々と移り行く人の心をパッパッパッととらえて、いかに悟りを開くかの指導をすることである。

そして最終的には、見性成仏。見性の「性」という字はりっしんべんに生と書く。すなわち、生まれながらの心ということだ。儒教でも、「性に率《したが》う、これを道という」という言葉が『中庸』という本にあるように、「性」とは生まれながらの心のことである。性というと変な方に理解している人が多いが、いろいろと異性に興味を持つというのも、それも生まれながらの心だといえるだろう。

その生まれながらの心の中にいる自分の本質を、「見《けん》」、すなわちパッと霊的な覚醒によって全身全霊でわかって成仏する。すなわち、人間がその瞬間に仏様そのものになるのである。仏壇で亡き人に対して、「成仏してください」なんていうニュアンスではない。肉体は人間でも中身は仏様そのままだという意味である。そういう霊的な中身になることをいうのだ。

このように、不立文字、教外別伝、直指人心、見性成仏、この四つこそが禅宗をほかの宗門と区別するときに考えるもので、禅宗の特色が極めて明確に表れている四つのポイントだといえる。

禅と芸術の関連性

ところが、理屈じゃない、文字じゃないというわりに、禅宗の僧侶が一番よくあらゆる本を読んでいて、一番たくさん本を書いている。矛盾していると思うかもしれないが、文字や言葉ではないからこそ、あらゆる文字や言葉を通して、その内にある真実の仏《ぶっ》性《しょう》や仏智を表現できるのだ。いかにして、文字や言葉ではない世界を、より深く、より大きく、より広く、より密度を濃く吸収し、文字や言葉を通してそれを表現できるのかということである。

ところで、禅と芸術とは昔から縁が深かった。禅画というように、白隠とか無難、仙《せん》崖《がい》などの名僧自身が絵を描いたり、また一休のように茶に親しんで、茶道の精神性を確立する役割を果たしたりしている。また宮本武蔵や柳生宗矩《やぎゅうむねのり》のような多くの剣の達人が禅を信奉し、また武蔵は絵も描き表している。近年では、今から三十年ほど前から、アメリカの芸術家の間で禅がもてはやされてきた。これはなぜだろうか。

禅の真髄は、教典やドグマにとらわれず、自分で真理、仏性を見出せ、というところにある。一方、芸術の世界も、高い次元に達すれば同じような境地になる。

文字や言葉ではないがゆえに、剣禅一如、茶禅一味《ちゃぜんいちみ》、俳禅一味《はいぜんいちみ》の世界が生まれる。剣と禅は一の如し。そして、この禅が日本文化に深く根ざしているのは、日本人の血脈ともいえる神道が、この思想と趣《おもむ》きを一《いつ》にしているからである。

ところで先にも書いたが、松尾芭蕉が言った、「無能無芸にしてこの道に通ず」とは、「私は能がないのでこれしかできません」という意味ではない。わざと無芸にして、わざと無能にして、この道しかないという禅的玄境に徹しようとしたためである。そこから生まれる俳禅一味の俳境こそが、名句を生み出す精神の淵源《えんげん》となるからである。この言葉こそが、松尾芭蕉の素晴らしい修道を表す言葉である。

俳句にしても剣道にしても、あるいはまた柔道、茶道、華道にしても、真髄は文字や言葉ではないがゆえに、その精神性を支えるものとして禅と融合し、禅的境涯によって練られた文や言葉を通したり、あるいは武の技とか画の技法とか、生花の技術とか書の技巧を練ることを通して、それらの技術を超える精神性を表現することができるのだ。禅の思想のおかげで、文字や言葉ではない世界を、文字や言葉ではないところで深く受け取り、文字や言葉や芸術の技術を通してそれを表現することができる。ここに、禅と芸術の深く関与するところがあるのである。

ところで、芸術作品の善しあしを判断する場合に、よく気韻生動《きいんせいどう》のあるなしや程度を問題にする。

書道、あるいは絵画、水墨画、彫刻、音楽などで、そこから出てくる気、そこから出てくる余韻が生きて動いているかどうか。これが絵画の真髄、書道の真髄であり、それらと通じるからこそ、禅宗の精神は芸術性の本質と融合して、脈々として今日まで残っているのである。

禅と、神を求める道である神業《しんぎょう》との関連性

しかし、あまりに難解すぎて現代流に合わないのが、禅の現状でもある。私たちの、神とともに神の本質を求める道であるご神業では、禅も重視しているが、それは神業の玄境というか境地というか、目に見えない魂の修養という面で、禅宗の教えやあり方が非常に有意義なので、これを応用しているのである。

禅宗は禅宗で素晴らしいところがたくさんあるのだが、せっかく禅で悟っても、仕事をしたり日常生活を営んだりしていると、なかなかその境地が維持できないことが多い。本当の見性《けんしょう》をすればそうではないのだが、普通はこんちきしょうめと思ったり、あれやこれやの人間心がふつふつとわいてきて、せっかくの悟りもどこかへ行ってしまう。座禅をするときには無念無想でいられても、お金のこととか人間が生きていく上で必要な事柄に触れると、とたんに雑念が頭をもたげてくるわけだ。

だからそうならないために、禅宗ではお師匠さんの次に偉い人が普段何をするかというと、典座《てんぞ》といって、お台所でお料理を作る。そして、そこではいつも同じ味を出すために、毎日、毎日、毎食、毎食の平常心や禅定《ぜんじょう》が試されるのである。それから次に偉い人は経理、総務をやるわけで、月末の支払いや資金繰りなどの人間心で葛藤する。そういう中でも平常心でいるというのは、かなりの高弟でなければできないことなのだ。だから、本当はお寺とか山の中でやるよりも、生きた生活の中で実践するのが真の禅の修業なのだといえよう。

『十牛図《じゅうぎゅうず》』という古い禅籍でも、最終的な絶対境に行くと、今度は平々凡々の生活に帰ってこなければ、その禅境は完成しないと説かれている。

一方、日本神道には、物語はあるが教理教論というものは基本的にはない。復古神道で平田篤胤《ひらたあつたね》とか本居宣長《もとおりのりなが》、あるいは鎌倉時代の度会家行《わたらいいえゆき》に代表される伊勢神道とか、反本地垂迹説《はんじすいじゃくせつ》こそが本当の神道であるというような、ある程度体系づけられているものもあるが、基本的には五大宗教のようには体系づけられていない。だから、神道の「目に見えない感覚」をどうやって伝えるかが問題になる。もう一つ、老荘思想もあるが、禅宗は無形の世界を伝えるのに、一番よく体系づけられているといえる。禅というものを通して、文字や言葉では表せない妙《たえ》なる世界を咀嚼《そしゃく》したり、実践したりして、その無形の世界の真の体得に肉薄することができる。

ただし禅だけを勉強すると、どうしても偏った人間になることは否めない。禅天魔という、尊大な態度や、常識や礼節をわきまえない人間になりやすく、日本古来からある祖先の崇拝や祖霊の供養、また神社の神々に対して、子が親に素直に甘えたり、なごんだりする敬神の情や習慣が損なわれ、日本神霊界の良き伝統が損なわれる可能性もある。

しかし、禅であって禅にとらわれず、真の禅者の中の禅者であったといえる白隠は、『延命十句観音経霊験記《えんめいじっくかんのんきょうれいげんき》』を著したり、白幽子仙人から教わった「内観の法」を教える『夜船閑話《やせんかんな》』という本を書いたり、「秋葉権現《あきはごんげん》」の掛け軸を書いたり、またその信仰をすすめるなど、禅にとらわれずに広く仏教や信心の尊さを民衆に説き示した。

だが、白隠のような幅広くとらわれのない禅風を持つ禅者はあまりいないといえる。

だから、観念をぶち破って神の世界に入っていくプロセスと、そのプロセスを越えた上に最高の神界を体得するという世界があるが、そこへ入るための、禅は導入として私は扱っている。禅はいわば、そこにいたる基礎となるステップだと言っていいだろう。

そのように位置づけて、私は禅宗の勉強をすすめているのである。

道心に徹して皇帝の招きを拒否——四祖道信《どうしん》

ところで、左腕を切り落としてやっと入門を許された二祖慧可も厳しいが、四祖道信という人もまた、ものすごく厳しい逸話を残している。この道信という人は、「達磨大師の後を受けている優れた禅僧がいる。ぜひ教えを聞きたい」と、帝から都に出てくるように命じられた。道信が山の中で座禅をしていると聞いて、帝の命を受けた者がそこへ出かけて行ったが、道信は「だめだ！」。使者が何度行っても「だめだ」と、まったく取りつくしまもない。

皇帝をも退けた道信の意志力

そこで帝も腹を立てた。

「よし、今度行っても来ないんだったら首を切って構わんぞ。わしは腹を立てた。帝の顔も三度までだ」

「それを言うなら仏の顔では……」

と従者が答えたとは思えないが、とにかくそう使者に命じて、もう一度使者を道信のところへやった。使者は道信に伝えた。

「道信、命令に従わなければ、お前の首を切れと帝が言っているんだが……」

「だめだ！　行かない」

「そうまで言うんだったら、私たちも首を切らざるを得ない。帝の命に背くのであれば首を切るぞ！」

「ああ、そうか、それじゃ切ってくれ」

「はっ？」

「だから、切ってくれと言っているんだ。行くぐらいなら、わしの命がなくなった方がいい。本当の教えを帝なんかには教えたくない。道の真髄をわしは受けているんだから、それにふさわしい人に教えを伝えたい。切るならここで切ってくれ」

と、素直に首を出す。首を切れと言われた方は、それだけの度胸がないのでガタガタと震えだした。とうとう首が切れないまま帰って、帝に、

「カクカクしかじかで、とうとう切れませんでした。すみません」

と報告した。それで帝も、

「そこまで言うんだったら仕方ないな」

と諦めた。その鉄の肝っ玉と求道心の激しさに、さしもの帝もシャッポを脱いだわけである。

求道心の塊《かたまり》――五祖弘忍《ぐにん》

この道信があるとき道を歩いていると、のちに五祖になった弘忍という者がやってきた。この弘忍という人は、霊能力、超能力のあらゆるものを極め、当時中国で随一といわれるほどの超能力者だった。そして、道信というすごいやつがいると聞いて、挑戦しにきたのであった。

「わしの霊能力と神通力のスーパーパワーでやっつけてやる。何が中国随一の禅師だ。

それよりわしの天狗力のほうが強いんだ」などと思ったのかどうかはわからないが、ともかく道信のところへ出かけてきたのである。

道信が道を歩いているところへ弘忍がやってきて、

「ガーッ！」

と念力か何か、超能力で道信に挑戦した。ところが、あらゆる秘術を尽くしても、

「何やってんの？」

「エイ、ヤーッ！」

と気合もろとも術をかけても、

「何やってんの？」

三百種類か四百種類の、金縛りの術も稲荷縛りの術も使って、手裏剣《しゅりけん》を投げたのか撒きびしをしたのかわからない。あらゆる術を尽くしたけれども、一つとしてこの道信にはかからなかった。

「何やってるの、あんた？　ふーん、ご苦労」

と。そこで弘忍は、「ハーッ、わしがこれほど命をかけて修業をしてきたのに、一つもかからなかった。何とすごいやつなんだ。入門したい、ぜひ」と改心したわけである。

そして弘忍が四祖の後を追いかけて、

「私もいろいろ修業をしてきましたけれども、あなたほどの人は初めてでございます。ぜひ入門させてください」

と願い出た。

「しかし、汝はもう歳だろう」

と四祖は言った。そのとき弘忍はもうおじいさんだったのだ。

「もう一度、生まれ変わってこい」

「そうですかあ。ああ、私はもう歳か。もう少し若い頃に道信と会っていればよかった。修業を無駄にした」

と彼は悔いて、悄然《しょうぜん》として帰っていった。

しかし、弘忍はそこで考えた。

「そうか、生まれ変わってくればいいんだ」

川原のそばへ行くと、若い女性が洗濯をしていた。そこへ弘忍じいさんは、

「すまんが娘さん、わしに宿を貸してくれんかのう」

と声をかけた。

「ああ、見ればお困りの様子。いいですよ。どうぞ、どうぞ、お泊まりくださいませ」

と言って娘さんは振り返ったけれど、そこには弘忍の姿はない。

「あれ？　どこへ行ったんだろう」

娘さんはポカンとしてその場は終わったのだが、しばらくしてから、その女性は妊娠したのである。

要するに、弘忍は借りてはいけない宿を借りてしまったわけだ。

「どうも最近おかしいなあ、想像妊娠かしら」

お父さんが、

「お前、最近変じゃないか。どこの誰と関係したんだ」

「身に覚えがありません」

「身に覚えがないのになぜこうなるんだ。お前はマリアか」

と言うはずはないと思うが、とにかくお父さんは責めた。

「お前、どこの誰と？」

「そんな、身に覚えがありません」

と必死に否定したものの、結局信じてもらえなくて、その娘さんは家を追い出されて

生まれ変わってでも弟子入りして、道を求めた弘忍禅師

しまった。

それから、その子供を水子にもできずに産んでしまって、お母さんとその子供は旅を続けていた。これが生まれながらに賢い子で、神通力を持っていた。なにしろ自分の肉体をそこへ入れたくらいだから、ものすごい神通力に決まっている。それがお母さんに手を引かれながら旅をしていたのだが、あるとき、この生まれ変わりの弘忍が道信と道端でばったりと会った。

お母さんの手に引かれていた弘忍が、

「あっ！　おっちゃん、連れてって」と言ったのか、急にふけた顔をして、「汝！」と言ったのか、そして「二時だ」と答えたかどうかは歴史の謎である。しかし、道信も弘忍の姿を見たときに、

「あっ、この子はただの子と違うな」

とわかった。そして、弘忍もお母さんに、

「どうしてもあの人について行くんだ」

と言ってきかず、お母さんも仕方がない、とあきらめた。

こうして弘忍は子供になって道信のもとに入門したのである。本当にお母さんは可哀

相だが、その分だけ神様から功徳をいただいたのだろう。とにかくそのように、宿を借りて子供に生まれ変わって道信のもとに入門し、修業をしたといわれているのが五祖弘忍なのだ。

この弘忍のエピソードに教えられるところは多い。本当に達磨大師から受けているところの境地、境涯、不動の魂。さらには神様から受けているところの神性と妙境に対する絶対心と盤石な悟りを持っていると、どんな術をかけられようと何をされようとまったく通じないのだ。

道信は、超能力や霊能力といったものをまったく超絶した世界に生きていたのである。その四祖道信の姿を見て弘忍は改心し、本当に肉体を変えて生まれ変わって、一部の人には迷惑をかけながらも、禅宗第五番目の祖になったのである。

中国禅の創始者——六祖慧能《えのう》禅師

その五祖弘忍禅師のもとには七百人ぐらいのお弟子さんがいた。やはり優れた人なので、それだけの人が集まってきたのである。五祖弘忍にしても、達磨大師の法を継承するだけのものすごい求道心の人だ。左腕を切り落としたというのもすごい求道心だが、生まれ変わってでも入門するというのは大変なことだ。

その七百人の高弟の中で一番といわれていたのが、神秀《じんしゅう》禅師という人だった。学問も悟りも優れていたので、この人が後を継ぐだろうと目されていたのである。

ところがそこに慧能という人が現れた。この慧能は、親孝行だったけれど無学文盲の人だった。あるとき道端で、金剛般若経を聞いて深い感銘を受けた。

「何と素晴らしい教えなんだろう。もっと学ぶにはどこへ行けばいいのですか」

と人に聞くと、

「五祖弘忍禅師のところへ行けば、この教えが聞けるよ」

そこで、中国の南の果てから、弘忍のいた黄梅県まで来たのである。

「入門したいんですが」

と慧能が行くと、

「お前はどこから来たのか」

と弘忍は聞いた。

「新州の国から参りました」

「ああ、あそこは猿のいるところだ。あんな野蛮なところからよく来たな」

「森羅万象これことごとく仏性ありと聞き及んでおります。どうして猿が悟りを開けないことがあるでしょうか」

弘忍も、「なかなかやるな、こいつは。法の器だな」と見た。

そして入門が許され、米をついたり薪を割ったりする修業の生活が始まった。

それからわずか半年ばかり経った頃のことだ。七百人の弟子を前に、五祖弘忍は言った。

「もうそろそろわしも、達磨大師より受けているものを渡さなければならない。六祖を決めなければいけない。今生《こんじょう》の寿命もそろそろだ。わしの後を継ぐ人間を選びたいと思うが、お前たちの中でこれはと思う者がいたら、自らの境地を偈《げ》にして詠みなさい」

自分の境地をポエムにして出しなさいと言ったわけである。それによって境地がわかる。それに応じて、自他共に許す一番弟子の神秀がまず出した。

「身はこれ菩提樹にして、心は明鏡台の如し。時々に勤めて払拭《ふっしき》し、塵埃《じんあい》をして有らしめることなかれ」

いわば、

「この身はお釈迦様が悟りを開いた菩提樹のようなものであり、心は明鏡のように澄み切って盤石なものであります、一時でも修業を怠りますと身は汚れ、心には塵が積もってしまいますから、刻々に修業を怠ってはなりません」

ということで、自分の境地はそれほど清まっているということを言いたかったのだ。

それに対して、

「な、な、なんて書いてあるの、あれは」

「こういうことなんだよ」

「ほうー、じゃあ、ぼくも作るから書いてくれる？」

と言って慧能がそこに居た人に頼んで作った偈は、

「菩提本樹《もと》なく、明鏡また台にあらず、本来無一物、いずれの処にか塵埃を惹かん」

というものだった。

この身は菩提樹でも何でもない、明鏡は台でも何でもない、本来無一物だ。すべて無一物から出ているものなんだ、どこにきれいとか汚いと区別する塵やあくたがあろうか、

というものであった。

「本来無一物、いずれの処にか塵埃を惹かん」

塵埃というのは塵や芥で、そんな汚いものなんてない。きれいとか汚いといった分別の知恵を越えている境地を表している。

よく、「本来無一物」という言葉がお茶席の掛け軸にあるが、あれは慧能禅師が言った言葉なのである。

この慧能の偈を五祖弘忍が見て、

「うん、神秀はいいけれど、まだまだだ。慧能こそわしの後を継ぐ者じゃ」

と確信した。そして夜、自分の部屋に慧能を呼んで、

「わしの後を継ぐのはお前しかいない。達磨大師から受け継いでいる衣と托鉢《たくはつ》をお前に渡そう。六祖を継ぐのはお前じゃ」

と言ったのである。

「しかし、まだ入門してわずか八カ月で、しかも無学文盲だから、七百人のお弟子は文句を言うだろう。神秀なら文句は出ないだろうが、法の継承ということを考えたら、神秀ではどうしても本当のものは伝わらない。お前に渡す。その代わり、今夜のうちにここから逃げて、しばらくは山の中で暮らせ。天の時が来たら世に出てきて、本当の道を広めるんだ」

「はい、わかりました」

と、慧能はさっそく逃げ出した。慧能が去った後、お弟子たちが師に、

「衣鉢はどうなされましたか」

とたずねると、弘忍は、

「慧能に渡した」

と言った。

そこで、弟子の慧明という者が追いかけてきた。その頃慧能は師の言葉に従って、山で猟師をしていた。追ってきた弟子たちが、「達磨大師から受け継いでいる衣鉢《いはつ》を返せ」と迫ったが、慧能の方も、「取れるものなら取ってみろ」とばかりに渡さない。しかも、弟子たちが石の上に置いてあったその衣を取ろうとしても、微動だにしないのだ。

それで追いかけてきた弟子が、

「おそれ入りました。あなたこそやはり五祖の法の後を継ぐ方です。私に何か悟りの一言を」

と頼んだ。時に慧能が答えた言葉が、

「不思善、不思悪、正与麼《しょうよも》の時、那箇《なこ》か是れ明上座が本来の面目」

すなわち、「汝の自己本来の面目を見よ」というものだ。それを聞いて、追いかけてきた慧明は、即座に悟った。臨済禅師は、「赤肉団上に一無位の真人あり」と言っている。地位や名誉や位なんかない、男女の別も乗り越えた本質的な自分の中の自分、御本霊、魂というものを看《み》よ、看よと言ったのである。

「風幡問答《ふうばんもんどう》」で禅宗最高位に返り咲く

そうして六祖慧能禅師は十数年間山の中にいて、もうそろそろ天の時だなというので山から降りてきた。するとあるとき、坊さんたちが何か言い争いをしているところに出くわした。

何を言い争っているのかと思ったら、旗がひらめいているのを見て、

「あれは、旗がひらめいている」

「何を言っている。あれは旗ではない、風がひらめいているんだ。風がひらめくから旗幡がひらひらとひらめくんだ」

「違う。旗がひらめくから風があるということがわかるんだ」

「いや、風だ」

「いや、旗だ」

と、お互いに譲らない。そこでそれを見ていた慧能が一言、

「ひらめいているのはお前たちの心じゃ」

と言った。

「な、何だこの坊主は。でも、鋭い。本当にその通りだ」

と、言われた坊主達は得心した。それで寺に帰ってから、

「こういうことを言うお坊さんに会いました」

と報告した。それを聞いた彼らの師は、

「それだけのことを咄嗟に言えるのは、十数年前に姿を消した慧能禅師しかいない。五祖弘忍の後を継いだ六祖慧能に違いない」

と確信し、ぜひお迎えしようということになった。このやりとりを「風幡問答」という。

それから六祖慧能禅師の時代、つまり中国禅の時代が始まったわけである。

神秀禅師の方は北伝の禅宗となり、慧能の方は南伝の禅宗といわれるようになった。

ひらめいているのは「風」か「旗」か……

北伝の方は、「漸悟《ぜんご》」を宗《むね》とする禅宗であり、政治的身分や地位のある為政者に流布されていったが、その後政治の動乱があったので、滅んでいった。今日もなお脈々と残っているのが、この「頓悟《とんご》」を宗《むね》とする南伝の禅であり、六祖慧能禅師の流れだけだったということは、ここにこそ天の導き、仏の加護、神様の真があったのであろう。

求道心の強い人から優先する

こうして中国禅は確立されたのだが、今、中国ではもう禅は残っていない。日本に残って脈々と生きているだけである。それを神霊的な角度から見て、私がお取り次ぎしているのが、講演会などで時々行っている「問答」である。禅宗の要素が基本だが、神道や超神霊的な要素もまじえて、もっとわかりやすく、もっと現代的にし、本当に生きた神法になっているのが、「御魂返し問答」といわれるものである。わかりやすい問答で、観念をぶち破って御魂返しをするのである。これは、兜率天《とそつてん》で弥勒《みろく》菩薩が天人の養成のために行っている教育法と、まったく同じものである。理論や知識ではない、大自在な妙智や妙境、妙技を必要とするものである。たちばな出版から問答CDが発売されているので、興味のある方は参考にされたい。

ところで、中国の禅宗の歴史を見ても、左腕を切り落としてでも達磨大師に師事したい、生まれ変わってでも弟子になりたいという求道心があれば、神様が受けてくださることがわかる。また、それぐらいでなければ、境地というものは真に研ぎ澄ますことはできない。好きだとか楽しいというのも悪くはないが、趣味程度ではなかなか本当の深い道は極まらないのが現実だ。

道元禅師も、仏道というのは命がけのものなり、仏道というものは己を修めることなり、己を修めるとは己を忘れることなり、己を忘れて万物に証せられる、ということを『正法眼蔵《しょうぼうげんぞう》』で言っている。命がけでやるものというのが本当の仏道なのである。

道元禅師と白隠禅師の違いはどこに？

禅僧に学ぶということで、白隠に始まってインド禅、中国禅にルーツをたどって、日本の禅のもととなった中国禅の元祖である六祖慧能までを見てきた。ここで、もう一度日本の禅について見てみよう。

私が神様に教えていただいた、日本の古今の僧侶の中で最高の霊格者は、臨済禅中興の祖、白隠禅師である。納得しない人も多いかも知れない。日本人の一般的知識では、禅の第一人者としては曹洞宗開祖の道元禅師が有名だからだ。

もちろん道元禅師が低いと言っているのではない。大変素晴らしい、学ぶべき先覚であることは間違いない。しかし、栄西や白隠という臨済禅の開祖や中興の祖とは、明らかにタイプが違う。そこで、道元禅師の行跡、思想、理論を、少し詳しくご紹介してみよう。

もちろん、ここでご紹介できるのは、道元禅師についてのほんの一部分にしかすぎない。限られた紙幅ではとても論じきれるものではない。もっと詳しく学びたい方は、『正法眼蔵』、『永平広録』、『正法眼蔵随聞記』などを、じかに読まれることをおすすめする次第である。

道元、明全《みょうぜん》と宋に渡る

私たちは道元に何を学ばなければいけないのか。神様に伺ったところ、一言で言うと

「求道心随一の行者」である、と教えていただいた。では、常日頃から道元禅師はいかなる疑問を持っていたのだろうか？　拙著『運命とは、変えられるものです！』（ＴＴＪ・たちばな出版）にも書いたが、次のようなことである。

「衆生本来仏なり」

私たちは先天的に素晴らしい仏様であり、すべての人が内在する尊い仏性を持っている。それなのになぜ、比叡山やどこかへ行って修業をして、即身成仏するなり、見性成仏するなり、悟りを開かなければいけないのだろうか？　もともと仏様である私たちが、なぜ修業して、また仏様にならなければいけないのだろう？　これがどこへ行ってもわからない。比叡山に行ってもわからない。比叡山の別派の三井寺に行ってもわからない。

それで、後述するが、中国に渡って悟りを開いた後、座禅をしよう、修業をしようとする自分そのものが、仏様そのままであり、仏性の顕現なのだと悟った。これを「修《しゅ》証一如《しょういちにょ》」と道元は言う。これが曹洞宗、また黙照禅《もくしょうぜん》の特色である。看話禅《かんなぜん》の臨済宗では、座禅は悟りを開くための手段であるが、黙照禅の曹洞宗では、座禅が目的そのものになっている。

ところで、道元禅師ほど、仏教の諸先輩や他の名僧をくそみそに悪く言った人は歴史上に稀であり、その点では日蓮と双璧であると一般にいわれている。その道元がたった一人、仏者の中の仏者とほめ讃えた明全《みょうぜん》という人がいた。明全は、師匠が臨済宗開祖の栄西門下の高弟であった。この人との出会いが、道元のその後の仏道のあり方に大きく影響したのである。

この明全という人が、宋に渡って本場の仏法を学んでこようと思った。この人だけは尊敬していた道元は、自分も一緒に行って宋で修業したいと思っていた。

明全には、栄西のほかに直接育ててくれた師匠がいたのであるが、その頃重い病気で余命も長くはない状態だった。

高齢で、数カ月、いや一年もつかどうかわからないというお師匠さんが、

「明全よ、そばにいてくれ。そばにいてくれるだけでいいんだ。お前と一緒にいるだけでいいんだ」

と明全に言う。明全も、宋の国に行くか行かないかどうするか悩んで、いろいろ人にも意見を聞いた。多くの人が、

「小さい頃から長い間育てて、僧侶にしてくれたのも、そのお師匠さんのおかげなのだから、宋に行くのは一年ぐらい延期してもいいじゃないか」

と言う。道元も、このとき同じように考えていた。道元も、

「一年ぐらいお待ちになっても宋は逃げないし、お師匠さんの死期は間近なのだから、やはりお待ちになった方がいいのではないですか」

というようなことを言ったのである。

しかし、それに対して明全はどう答えたか。

「みんな宋への渡航を一年ほど延期した方がいいというが、私は延期はしない。仏道というものは命がけでするものであって、一刻も早く宋に行って、本当の悟り、本当の仏様の教え、本当の仏法の大意というものを体得したい。その分だけ、人々に対して善を広めることができる。その分だけ、少しでも世のために役立つことができる。それが御仏の真実の御心だと私は思う」

さらに、

「人間の情としては、長年お世話になったお師匠さんだから、最期までそばにいてさしあげたいという気持ちはある。しかし本当の仏者として、私を育ててくれたお師匠さんなら、人間の情を乗り越えてわかってくれるはずだ。これをわかってくださらないお師匠さんだったら、お師匠さんの値打ちがない」

と明全は明確に言い切った。そして、その今にも亡くなりそうな師を置いて、仏道修業を選び、宋に渡っていったのである。

当時、宋に渡るというのは、それだけで命がけのことだった。行く途中で難破してしまう船が多いのは、遣隋使、遣唐使の頃から変わらないことで、弘法大師も鑑真和尚も何度も死にそうになっている。しかし仏道を成就し、本当の仏の道、仏法の真実を学ぼうとして中国に行く途中、その旅先で死ぬということは、仏者としては誠に誇りとすべきことだ。本当の真実の道を求めようとする人間にとって、求道の旅のプロセスで死んでいくということは、これほど名誉なことはない。喜んで死んでいこう、という決意のもとに船出していったのである。

それだけ真実のものを求めるという強烈な求道心があったわけである。

実際に明全は、そばにいてくれるだけでいいという師匠を振り切ってまで行った中国で、修業半ばにして病気で死んでしまう。だから、明全の先の選択は正しかったわけである。己の死期が近いことを、どこかで悟っていたのかもしれない。

病床の師匠を残して宋に渡った明全も、強烈な求道心の持ち主だった

道元、如浄《にょじょう》に会って悟りを開く

こうして明全と共に渡宋した道元は、当時の中国禅の名僧のもとへ参じ、一人ひとりに達磨大師よりの真実の印伝、印可を見せてくださいと尋ねて回った。達磨大師以来の真実の教えを伝えている人は誰なんだということを、真剣に探していったのである。

しかし、当時の中国禅の禅師は、道元をなかなか満足させてくれなかった。道元は、比叡山を中心とする仏教界の中で、禅宗がほかの宗派とマゼコゼになったり、権力に阿《おもね》ているのに愛想を尽かし、本物の禅を求めてここに来たのである。ところが、当時は中国の禅も、いくつもの道を混ぜて行われていたのだった。何種類もの教えをミックスした融合宗教は、中国でも歴史上何度も出てきている。ただその頃の中国禅は、その境と道のあり方というものが、本来の教えの本質から少しずれた状態で、形の上でミックスしているだけなのであった。例えば、五つのものをミックスしてもいいが、根源となる道の本質は踏まえた上で、五つの要素を実践や教えのために活用するというのが本当であり、五つを単にミックスするだけでは、本当に真実があるとはいえない。道元禅師は、数多くの師匠や仏者を尋ね、巌の如く、純粋なる真実を求めてきたのに、実際に中国に行ってがっかりしたのである。

しかし、とうとう道元は天童山《てんどうさん》という当時の名刹で、如浄《にょじょう》という師と出会う。それからまさに道元は悟りを開いたのである。「身心脱落《しんしんだつらく》、脱落身心《だつらくしんしん》」というのが、道元禅師が悟りを開いたときの境地を表した言葉だ。

道元禅師の修業ぶりはいかなるものかというと、『正法眼蔵随聞記』を読むとわかる。これは道元のそばで修業していた懐弉《えじょう》という人が書いた本であるが、原文を見ると、道元の本当に素晴らしい、真っ白に澄みきった境地や境涯が表れ出ていることがわかる。

道元禅師について学ぶには、いくら理屈で説明するよりも、まず『随聞記』をご覧になって、その求道姿勢を知ることが大事だ。求道随一の行者がどういう人だかわかる。私たちが道元に学ぶものは、まずその求道心の素晴らしさである。それだけ、本当の真実なるものを得たいという気持ちが誰よりも強く、その分、本当の真実でないと感じた仏者には、強烈な批判や毒舌を浴びせたのであろう。だから、命をかけて宋に行って本当のものを得たいという、純粋な求道の誠を輝かす明全に惹かれたに違いない。その明全は中国で修業の途中で死んでいったけれども、道元はその修業に負けないぐらい真剣に、雨の降る日も、風の吹く日も、たとえ病に倒れても、仏道を成就せんがために精進に励んだ。精進努力をしていくプロセスの中で死ぬということは、仏者の非常に誇りとすべきところだ。明全の如く、道元もそう考えていた。だから、命がけだ。仏道のためなら喜んで死のう……という求道心がどれほどのものか、道元の足跡を知れば実感できる。

真実なるものを求め、信ずる道を求めてやまない道元の心が天に通じ、本場中国においても、なかなか見つからないような本物の師に、ついに巡り会えたのである。それが如浄なのであった。

この足跡から、私たちもまた大いに学ばなければならない。

道元の求道心と世間の仕事行者

この如浄という人が、道元に言った。

「国王、大臣に近付くことなかれ、ただ深山幽谷に居せよ」

ゆめゆめ都のそばとか、世俗的で汚らわしい都会でこの道を求道したり、広めてはいけないと教えたのである。人も来ないような山間僻地、そういう所でなければ、達磨大師以来伝わっている本当の教えは成就できないのだ……。これが、道元禅師が日本に帰るときに如浄が言った言葉である。

だから道元はあの福井の永平寺という、人里離れたところにお寺を造ったのだ。そこまではいい。それは本当に真実なるものを求めていく一途な心と、純粋な求道心の現れであるからだ。けれども、それがちょっと行き過ぎて、真実なるものを求める一種の行者になってしまったところに問題がある。

正しい本物の悟りを求めるに当たって、求道心が極まるのは素晴らしいのだが、偏狭で頑固になり過ぎてしまっている。求道心随一、どこまでも求道心、求道心、求道心という、道元はいわば真実なるものを求めている行者だ。普通の山伏などの行者は、霊能力とか超能力を得んがためにどこまでも求道し、修業する。こういう霊能力の行者、超能力の行者は大勢いる。私に言わせると、世の中には仕事行者というのもいる。仕事に次ぐ仕事、と猛烈社員で素晴らしくがんばっているのだが、それでは人間は仕事をするために生まれてきたのか、仕事をすることが人生の目的なのかというと、そうではない。

私たちが肉体を持って生まれてきたのは、魂を向上させるためだ。一生懸命仕事をするのはよいが、仕事行者ではいけない。道元禅師の達した境地にはこれに似たところがあって、求道、求道とそれ自体が目的になっているところがある。

前述したように、道元はそれを「修証一如」と言った。つまり修業のプロセスと悟りの証覚は一如であり、永遠に求道し、座禅することが仏性そのものの顕現だ、ということである。しかし思えば、求道し、座禅することだけが仏性であり、仏性の顕現であるというのは大変偏った悟りである。それは真諦の陰の部分であり、真諦の陽の部分である慈悲の実践を見落としているのだ。悟りを開けば、真諦の求道と、慈悲行の実践が、おのずから本然としてわき出てくるのが本当である。求道行と慈悲行は一体不二のものである。その両方を体現していなければ、本物の悟りを得たとは言えない。そこが、私が道元の悟りはまだ浅いと断ずる理由である。そもそも人間は、魂をより豊かに素晴らしく、また、求道と慈行の陰と陽の研鑽によって、その魂を向上させるために、肉体を持って生まれてきているのに、それでは本質から外れてしまっているといえる。

ついでに言うと、人間はカルマを抹消するために生まれてきていると言う人もいるが、これもちょっと違う。カルマを消す意味もあるけれど、徳を積み、魂を向上させることの意味の方がもっと大きい。本来の神様の目から見たら、カルマを抹消するために生まれてくるのは、霊的にある程度低い御魂だ。霊界にいるよりも現実界に生まれてきたほうがカルマは抹消しやすい。修業が早く進むからだ。

だが霊的ランクの上の方の人にとってみたら、肉体を持って生まれてくることは、非常に苦痛なことであり、苦しいことなのだ。この現世にいることは、地獄界にいるよりは楽なのだが、天上界にいるよりは苦しいのである。

では、なぜ苦しいのに生まれてくるのかというと、より素晴らしいランクに魂が向上するためには、肉体を持って生まれてきた方が、いろいろなレベルの人間がいて、いろいろと錬磨できるので、向上しやすいためなのだ。

また、特別な使命を持って生まれてくる人もいる。カルマを抹消するために生まれてきたというのは、インド仏教的発想であり、普通の霊界では、真ん中以下の霊にしか当てはまらないことである。

本題にもどると、仕事行者は仕事をせんがために仕事をするので、人生の本来の目的を見失っていると言える。それでは求道心行者とはどういうものかというと、

「ああ、神様のために役に立ちたい。役に立つには霊能力があれば人を救済できるだろう。法力があれば病気も治せるだろう。だから修業しよう」

と思って滝に打たれる、お経を上げる、勉強する、研鑽する、断食する——と修業を

せんがためにに修業するというふうに、やはり人々を幸せにするという愛の原点を見忘れて、徐々に徐々に本質がすり変わっていくのである。これは霊能力行者、超能力行者と同じ構造だ。主であるところの、内に求道によって真と向上の道を修め、外に慈行によって救済と社会貢献をなす善徳を積むことにより、初めて達せられる真の「魂の向上」、という目に見えない目的から、目的達成の媒介に心が着してしまう。これが行者だ。仕事行者、霊能者行者、超能力行者、全部同じである。仕事も霊能獲得も、御魂向上の媒介であり手だてでしかないのに、いつのまにか本末転倒してしまっているのだ。

道元禅の光と影を正しく見る

とはいえ、道元禅師の業績を、そこらの仕事行者などと同じに論ずるわけにはいかない。

道元禅師は人並みはずれた素晴らしい求道心を持っていたのだが、栄西やその時代の仏者というものにがっかりしてしまっていた。また、道元禅師のような方が出てきた背景には、鎌倉時代中期という時代背景があったことも見忘れてはならない。確かに、あまりにも頽廃がひどかったので、その分だけ真実を求めたいという衝動が強かったのはわかる。これは、大いに汲まねばならないところだが、それにしても、自分の本質とは何なのか、自分が説かねばならない使命は何なのか、ということを表さんがために、過度な偏節を貫いたきらいがある。

栄西の教えにもいいところがあったし、ほかの僧たちにもいいところがあったのだが、道元禅師はあまりにも自分の道と真実のみを求め過ぎたために、「真実を求めるんだ」という行者になってしまった。正に学僧であって、前述した如く、仏者たる慈悲の発露が見出せないのである。

いい面ばかりではないし、悪い面ばかりでもない。両方をよく知った上で、道元禅師にしかない素晴らしさを吸収するというのが、正しい求道心を持って道を求めていく者の姿勢ではないかと思っている。だから、あえてこのように言い切っているわけだが、実際、あまりにも求道心があり過ぎたために、弊害が出ているところがある。その幣害の部分も、見つめていく必要があろう。

自分にも弟子にも厳しく、寄進を受けた弟子を破門する

道元は、宋を発つときに如浄に言われた通り、鎌倉にお寺を建てて禅を広めてくれという鎌倉幕府の誘いを断って、福井に永平寺を建て、そこであまり数を求めないで質を求めるんだ、という厳しくも高いレベルの修業や門弟の教育をしていた。質だけあればいい、それで死んでもいいんだというくらいの求道心で、永平寺をそういう道場にしていったのである。

ところが、そこでお弟子が栄養失調で死んでいく。ああいう寒い土地なので、凍死したりもする。栄養失調の上に寒いところだから、

「今日も栄養失調で誰々が亡くなりました」

「今日は凍傷で誰々が凍え死になさいました」

と、ひどいことになっていったのである。

これは道元禅師がサディストだったからでは、もちろんない。道元自身が宋で自分に課した厳しすぎる修業を、弟子たちにもやらせただけだったのだ。道元禅師も六十数歳

になっていたけれど、仏道を成就せんがために生まれてきたんだから、雨の中でも平気で参禅する。風邪をひいても、ここで死ぬのなら本望ということで気にしない。雨がザーザー降る中で、風邪をひいて熱を出しているときでも座禅をして、そうやって中国で悟りを開いたという足跡が残っている。

それを全部、永平寺の僧侶に強要するわけだ。自分にも厳しいけれども、人にも厳しいのである。何のこれしき、わしは宋ではもっとすごい修業をしたのだぞ、と老師自らがこんな荒行をされるのでは、弟子たちにしてみれば、逃れられるわけがない。そうやって、自分が中国で修業していたことをその通りにお弟子にさせたおかげで、栄養失調で、あるいは凍死で死んでいく者が出てきた。

そこで、お弟子の一人が見るに見かねて、

「これだけがんばって求道をしているんですが……この窮状をお助けください」

と、鎌倉で賛同者を募った。このお弟子を玄明《げんみよう》という。玄明は独断でこの政治工作をしたのだが、道元の仏道の素晴らしさを認める人は、もともと鎌倉には多かった。しかも時の幕府の執権は北条時頼、「鉢の木」の謡に見られるように、人情に通じた人だった。そこで、あたら求道の志を持つ僧たちを死なせないようにと、越前六条の地二千石を、永平寺の所領として与えることにした。食料を供給する田畑で、食料カンパのようなものである。

ところが、このことを知った道元禅師は烈火の如く怒った。数を求めるんじゃない、質を求めるんだ。私がなぜこの永平寺を、わざわざ福井のこんな山の中に造ったのかわかっているのか！　と道元はそのお弟子、玄明を破門にしたのである。

それだけではない。真実の教えを求道して、曹洞の如浄禅師から言われてきた教えを脈々と保っているのに、何ということをしてくれたんだ、あの玄明のことはもう耐えられない！　といつも玄明が座っていた畳を、「あいつが座っていた畳だから」と全部剥がして捨てさせてしまったのだ。

それだけならまだいい。しかし、道元はそれでもまだ耐えられない、汚らわしい。

「こんなことはあってはならないことだ。私が真実を求めている道にあってはならないことだ」

とその畳の下の床板を剥がし、その床の下にある地面も掘らせた。

「あいつが座っていた畳の下にある地面、土地すらも汚らわしい」

と七尺（二メートルちょっと）掘らせて捨ててしまったのだ。

破門した弟子が座っていた畳や土まで捨てた、道元の徹底ぶり

「ああ、これで汚れが消えた」

私はちょっと病的だと思うが、一般的には、道元禅師の求道心がそこまで徹底していたのだ、といい意味で理解されている。

求道に偏り、慈悲の心からはずれる

道元のこういうところを、どう見るか。今の日本でも腐敗役人がドッサリと付け届けをもらったり、お布施と称して、信徒や信徒の親の土地をガッポリもらってしまう教祖がいたりする。こういう人たちから見たら、道元禅師は清潔で求道心のかたまりに違いない。もちろん良い意味でだ。

しかし、白隠禅師は「自分に厳しく、人には寛容」の観自在に生きて、それで霊格は道元禅師より五ランクも上だ（これは神様が教えてくださったことである）。どうしてこの差が出たのか。それは、道元禅師には無為にして化していくという愛が足りなかったのだ。無為にして化する。接触するだけで人が幸せになっていく。これが求道を極めて悟りを幾重にも重ねた後の、最高の御魂の感化力のことであり、無形の究極の教えである。

お釈迦様もそうであった。しかし道元禅師の場合、当時の鎌倉仏教の中で、真実の姿というものをあまりに明確に打ち出さんとしたがために、中庸の「中」から少し求道の方に偏してしまったのである。真実を求めんがために、餓死したり死んでいくのを見るに見かねたお弟子さんには、少なくとも慈悲の心があった。これが白隠だったらどうだっただろうか。良寛さんだったらどうだっただろうか、と私は考える。おそらく道元のようにはしなかっただろう、と。

求道心があればいいというものではない。求道心随一の行者であっても、行者はやっぱり行者なのである。

それでも道元は後進の目標

これに対して白隠は、より深い慈悲と自在性があった。それについては、次のような逸話が伝えられている。

あるとき、白隠の寺の檀家の娘さんが父なし子を産んだ。当然、親は娘に、

「父親は誰なんだ」

と問いつめる。答えに窮した娘は、苦しまぎれに、

「父親は白隠さんです」

と言ってしまったのだ。

それで「白隠に子供ができた」と言われても、

「ああ、わしの子供じゃ」

と平然としている。みんなからうわさされ、白い目で見られても、

「おお、可愛い、可愛いなあ」

と、実のお母さんが引き取りにくるまで、その子を預かっていたという。

このように、白隠は誰に何と言われようと、上から下まで、よく柔によく剛に観自在であった。道元の場合は、よく剛であり過ぎたわけだ。だから、霊層のランクは白隠より低いのだが、もちろん全体から見れば決して低いランクではない。鎌倉時代に、あのように一つの特色ある教えが出されたことには、非常に重要な意味がある。後世の仏者は、それを参考にし、勉強できたわけであるから。

道元の説いた「現成公案」の、仏道というものは己を修めるということだ。己を修め

るということは己を忘れるということだ。道元はまた、己を忘れて初めて万物に証せられるという、「修証一如」ということを言った。また、見性の本質と天地一体の大悟覚の道を説き示したわけだが、これが道元の禅風だというよりも、もっと、何枚もの悟りの壁を越さねばならなかったはずである。

拙著『運命とは、変えられるものです！』にも書いたので、ぜひお読みいただきたい。私は、己の有りさまや生きざまには厳しくしても、魂まで傷つけてはいけないと思う。一時は極限まで極めることはあってもいいが、自分にもあまり厳しすぎない方がいいと思うのである。あまりにも自分に厳しいと、ストレスが長く続くのでやがてどこかで反動が出てくる。人間が歪《いびつ》になったり、屈曲したりもする。「中」ということを第一に考えると、厳しいときは厳しく、やさしいときはやさしく、どちらでもいいときはどちらでもない。これが「中」だ。ここでいう「中」とは、中庸の「中」であって、真ん中という意味ではない。ツボに当たるということだ。

道元は、鎌倉時代のあの頃においてはよかったのだ。一つの明確な位置づけがなされている。しかし、神様の道、真実の教えを勉強する現代の私たちの場合には、道元のあまりにも厳しい、畳をひっぺがすとか土を掘るとかいった極端すぎる姿勢は、決して見習うべきではないと思う。白隠禅師のようにもっと観自在である方が、より神様に近い。その点では白隠の方がよほど上だ。己に厳しく、人に寛大。人はさまざまに境地が変わるものだから、自在に対応して、真《まこと》の法を説くべきである。

道元に学ぶ中で、これらは決して真似をしてはいけない点である。より白隠に近いような生きざまをしていく方がよいと思う。

では、どういうところを道元に学んでいくべきかというと、この求道心随一というところを、まず見習わなければいけない。

特に現代に生きる私たちには、周りに物があふれていて、選択の自由の余地があり過ぎるので、道元禅師の道に対する徹底ぶりは勉強になり、ピシッとする。道元に比べて自分は何とだらしがないんだろうと、人欲と誘惑に負けてグラグラしている自分を、ピシッと正してくれるような霊力が著作にはある。迷いが多い場合は、『随聞記』だけではなく、道元禅師の『正法眼蔵』を読んでほしい。

禅書の中で最も大部《たいぶ》だけれど、少しずつでも、一日一行でも二行でも味わって読むべきだ。

修養としての読書には、ちょうどいいはずである。

極道息子を変えた一雫の涙――良寛和尚

さて、道元禅で締めくくったのでは少しかたすぎるので、この章の終わりに、良寛和尚の行いをお伝えすることにしよう。

良寛さんは江戸時代末期の禅僧で、道元の流れに属する曹洞宗のお坊さんだが、子供と遊んで親しまれた、という逸話で知られている。しかしその一生を通して含蓄ある教えを残している。

晩年のエピソードに、こういうのがある。

ある人が、良寛さんに相談に来た。

「うちの息子、何とかならないでしょうか、良寛さん。もう本当に酒は飲むわ、女遊びはする、仕事はしないで、どうすることもできない極道な息子なんです。家にも帰ってきません。何とかうちの息子がまっとうな人生を送れるように、ご指導いただけないでしょうか。助けてやってほしいんです」

「うーん」

「良寛さんしかお願いする人がおりません。ぜひ、私の出来の悪い息子が何とか改心するように頼みます」

良寛禅師は頼まれて、

「まあそうだね。そりゃあ、困ったことだ」

と引き受けた。素朴な良寛禅師の思いやりは深い。とぼとぼとぼとぼと良寛禅師はその息子のところに改心するように言いに行った。けれど息子は息子で、久々に良寛さんに会ったのでうれしくて、朝から晩までトンボを捕ったり、魚を捕ったり、一日中良寛禅師と遊んでいた。酒を飲んだり、ご飯を食べたり、川魚を捕りに行ったり、良寛さんと二日三日と一緒に楽しく日々を過ごした。良寛禅師は、その楽しそうにしているのを見て、何も説教できない。

それで、「もうそろそろ帰るよ」と、良寛禅師は最後にわらじの紐を結ぶ。言おうと思ったけれど、一緒に遊んでいたらそんな野暮なことは言えなくて、もういよいよ帰る段になってしまった。

「とうとう言い出せなかったなあ。言い出せなかったけれども、何とかこの子が良くなってほしいなあ」

と心の中で思っていると、その息子は良寛さんと楽しく遊んだものだから、

「じゃあ、帰るんだったら、ぼくがわらじの紐を結んであげるよ」

と、良寛禅師のわらじの紐を結んであげていた。そのとき、良寛のわらじの紐を結んでいる息子の手に、何か熱いものが落ちた。ポタ、ポタ、ポタ。良寛禅師の涙が、わらじの紐を結んでいる息子の手の上に落ちてきたのだ。そのとき、その息子はしばらくものが言えなかった。

「ああ、わらじの紐を結ぶときまで楽しく遊んでいたのに、今のぼくの生き方が哀れだから、良寛禅師は涙を流すのか」

と瞬間に悟ったのだ。万感の思いがある良寛禅師は何も言えない。そのかわりに慈悲の心が溢れて、涙となって出てきたのだ。息子はその良寛禅師の涙を体で受け、肩を震わせながら土下座して感動したのである。

「ぼくのことを思って、この人は来てくれたんだ……！」

けれど言い出せなくて、言うに言えなくて、帰る間際にいよいよ感極まって自然に落ちた涙で、その息子は感動した。それからその息子は、人が変わったように親孝行な息子になり、一生懸命働くようになり、わがままを言わなくなって精進努力して、まっと

うな人間になったということだ。良寛禅師の涙の一雫が、親がどうすることもできなかった不肖の息子を、百八十度変えたのである。

良寛禅師は何と素晴らしい。理屈を言うよりも何をするよりも、真心が情感で伝わっていく。良寛禅師の溢れんばかりの慈悲の心、自然に伝わる中身が〝化する働き〟で、人を変える働きを持っている。良寛禅師の涙の一雫が人を変えたのだ。お説教をしようと思っても、その子と一緒に遊んでいると「可愛いなあ」という慈悲の心が溢れんばかりになって、涙が出る。その涙に思いがこもっていたからこそ、息子の魂を打った。これしか人間を変えるものはない。理屈で、「あなたはこうしなければいけない」と言えば言うほど相手は反抗するだろう。理屈が通らない目に見えない世界で、〝化する〟しかない。これが、〝無為にして化する〟ということなのである。

良寛さんは理論書を書き残した人ではないが、書や漢詩は書いている。これらを鑑賞するのも、よい勉強であろう。

良寛さんの涙が、極道息子の魂を打った

本書は、一九九七年に弊社より発刊された
『どこまでも強運』を改訂したものです。

深見東州氏の活動についてのお問い合わせは、下記までお願いいたします。
また、無料パンフレット（郵送料も無料）が請求できます。ご利用ください。

お問い合わせ　フリーダイヤル
0120 - 507 - 837

◎ワールドメイト

東京本部	TEL	03-3247-6781
関西本部	TEL	0797-31-5662
札幌	TEL	011-864-9522
仙台	TEL	022-722-8671
名古屋	TEL	052-973-9078
岐阜	TEL	058-212-3061
大阪（心斎橋）	TEL	06-6241-8113
大阪（森の宮）	TEL	06-6966-9818
高松	TEL	087-831-4131
福岡	TEL	092-474-0208

◎ホームページ
https://www.worldmate.or.jp

深見東州
(ふかみ とうしゅう)
プロフィール

本名、半田晴久。別名 戸渡阿見《ととあみ》。1951年に、甲子園球場近くで生まれる。㈱菱法律・経済・政治研究所所長。宗教法人ワールドメイト責任役員代表。

著作は、193万部を突破した『強運』をはじめ、ビジネス書や画集、文芸書やネアカ・スピリチュアル本を含め、320冊を越える。CDは112本、DVDは45本、書画は3723点。テレビやラジオの、コメンテーターとしても知られる。

その他、スポーツ、芸術、福祉、宗教、文芸、経営、教育、サミット開催など、活動は多岐にわたる。それで、「現代のルネッサンスマン」と呼ばれる。しかし、これらの活動目的は、「人々を幸せにし、より良くし、社会をより良くする」ことである。それ以外になく、それを死ぬまで続けるだけである。

海外では、「相撲以外は何でもできる日本人」と、紹介される事がある。しかし、本人は「明るく、楽しく、面白い日本人」でいいと思っている。

(2025年5月現在)

どこまでも強運

2002年9月20日　初版第1刷発行　　定価はカバーに記載しています。
2025年6月30日　　　第24刷発行

著　者　　深見東州
発行人　　杉田百帆
発行所　　株式会社　TTJ・たちばな出版
〒167-0053 東京都杉並区西荻南2-20-9 たちばな出版ビル
TEL　03-5941-2341（代）
FAX　03-5941-2348
ホームページ　https://www.tachibana-inc.co.jp/

印刷・製本　萩原印刷株式会社

ISBN978-4-8133-1410-3

スーパー開運シリーズ

各定価（本体1000円＋税）

●193万部突破のミラクル開運書―ツキを呼び込む四原則
強運
深見東州

あなたの運がどんどんよくなる！
仕事運、健康運、金銭運、恋愛運、学問運が
爆発的に開ける。神界ロゴマーク22個を収録！

●85万部突破の金運の開運書。金運を呼ぶ秘伝公開！
大金運
深見東州

あなたを成功させる、金運が爆発的に開ける
ノウハウ満載！「金運を呼ぶ絵」付き!!

●40万部突破。ついに明かされた神霊界の真の姿！
神界からの神通力
深見東州

不運の原因を根本から明かした大ヒット作。
これほど詳しく霊界を解いた本はない。

●30万部突破。現実界を支配する法則をつかむ
神霊界
深見東州

人生の本義とは何か。
霊界を把握し、真に強運になるための奥義の
根本を伝授。

●41万部突破。あなた自身の幸せを呼ぶ天運招来の極意
大天運
深見東州

今まで誰も明かさなかった幸せの法則。
最高の幸運を手にする大原則とは！

●29万部突破。守護霊を味方にすれば、爆発的に運がひらける！

大創運

深見東州

神霊界の法則を知れば、あなたも自分で運を創ることができる。ビジネス、健康、受験、豊かな生活など項目別テクニックで幸せをつかもう。

●47万部突破。瞬間に開運できる！　運勢が変わる！

大除霊

深見東州

まったく新しい運命強化法！
マイナス霊をとりはらえば、あしたからラッキーの連続！

●61万部突破。あなたを強運にする！　良縁を呼び込む！

恋の守護霊

深見東州

恋愛運、結婚運、家庭運が、爆発的に開ける！
「恋したい人」に贈る一冊。

●46万部突破。史上最強の運命術

絶対運

深見東州

他力と自力をどう融合させるか、究極の強運を獲得する方法を詳しく説いた、運命術の最高峰！

●46万部突破。必ず願いがかなう神社参りの極意

神社で奇跡の開運

深見東州

あらゆる願いごとは、この神社でかなう！　神だのみの秘伝満載！　神社和歌、開運守護絵馬付き。

●スーパー開運シリーズ　新装版

運命とは、変えられるものです！

深見東州

運命の本質とメカニズムを明らかにし、ゆきづまっているあなたを急速な開運に導く！

《 深見東州の本 》

新装版

五十すぎたら読む本
山ほどある、五十代から若々しく生きる秘訣

幸せを運ぶ　宝石の伝説
カラー版・今日のあなたにピッタリの宝石が見つかる

定価（本体一四五六円＋税）

カラー版・名言集
好評発売中！
各定価（本体 1,000 円＋税）

果報はニャコろんで待て！
深見東州52の名言と必笑ギャグの大連発

ニャンでもやればできる
スーパー開運シリーズからの名語録

犬も歩けば棒にオシッコ
心に響いて温かい、36の名言

ネコとの語らい
深見東州、神への道を求めた若き魂の言葉

犬との語らい
求道者深見東州、神への誓いの名言